Quer durch die Backstube

Torten • Kuchen • Kleingebäck

Quer durch die Backstube

Elisabeth Bangert

Torten • Kuchen • Kleingebäck

EDITION XXL

Inhalt

Vorwort

Vermutlich ist es Ihnen auch schon begegnet: das Kuchenglück. Man findet es zu Hause oder auf Festen, alleine oder mit Freunden, oft in Begleitung von Kaffee oder Tee – aber immer in Verbindung mit selbst gebackenem Kuchen! Und wer es einmal gefunden hat, möchte es nie wieder hergeben ...

Damit Sie Ihr persönliches Kuchenglück immer wieder aufs Neue erleben können, habe ich für Sie eine reiche Auswahl an Rezepten zusammengestellt: Ob klassische Blechkuchen, üppige Torten, knusprige Kekse oder moderne Gebäcksorten wie Donuts, Whoopie Pies und Macarons – hier finden Sie für jeden Anlass das richtige Backwerk. Verwöhnen Sie Ihre Familie und Freunde doch einmal mit frisch gebackenem Apfelkuchen, Latte-Macchiato-Muffins, Erdbeer-Biskuitrolle oder Mascarpone-Torte mit Himbeeren ...

Und schon begegnen Sie ihm wieder, dem Kuchenglück! Viel Freude beim Backen und Genießen wünscht Ihnen

Ihre

Elisabeth Bangert

Butterkuchen
mit gehobelten Mandeln

Zubereitung:

1. Die Milch für den Teig leicht erwärmen (nicht kochen). Das Mehl in eine Schüssel sieben und in die Mitte eine Mulde drücken. Die Hefe hineinbröckeln und mit 1 TL Zucker und 100 ml Milch zu einem Vorteig verrühren. Mit einem Tuch abgedeckt 15–20 Minuten an einem warmen Ort gehen lassen.

2. Die weiche Butter, das Ei sowie das Salz zum Vorteig hinzufügen und alles mit den Knethaken des Handrührgerätes zu einem geschmeidigen Teig verarbeiten. Den Teig in einer abgedeckten Schüssel ca. 1 Stunde ruhen lassen.

3. Den Hefeteig aus der Schüssel nehmen und auf einer bemehlten Arbeitsfläche mit einem Nudelholz in Größe des Backblechs ausrollen.

4. Das Backblech mit Butter einfetten oder mit Backpapier auslegen. Den Teig darauflegen und die Ränder leicht hochdrücken. Den Teig abdecken und weitere 5 Minuten gehen lassen.

5. Den Backofen auf 200 °C (Umluft 180 °C) vorheizen. Für den Belag die Butter zerlassen und damit den Kuchen bestreichen. Mit den Mandeln und dem Zucker bestreuen und im Backofen auf mittlerer Schiebeleiste ca. 20 Minuten backen.

Zutaten *für 1 Blech:*

Für den Teig:
200 ml Milch
375 g Mehl
1 Würfel Frischhefe oder 1 Päckchen Trockenhefe
50 g Zucker
50 g Butter
1 Ei
1 Prise Salz

Für den Belag:
75 g Butter
50 g gehobelte Mandeln
50 g Zucker

Süße Mandeln …

… sind zwar kalorienreich, aber sehr gesund: Sie enthalten neben hochwertigem Eiweiß zahlreiche wichtige Nähr- und Vitalstoffe. Bittermandeln hingegen sind zum Verzehr nicht geeignet, da sie giftige Blausäure enthalten.

Der Ursprung …

… des Streuselkuchens liegt in Schlesien, heute ist er in ganz Deutschland bekannt. In vielen Regionen gilt er als „Beerdigungskuchen“, da er zu diesem Anlass besonders häufig gegessen wird.

Streusel- und Zimtkuchen

Zutaten für 1 Blech:

Für den Hefeteig:
250 ml Buttermilch
500 g Mehl
1 Würfel Frischhefe oder
1 Päckchen Trockenhefe
80 g Zucker
80 g Butter oder Margarine
1 Päckchen Vanillezucker
1 Prise Salz

Für die Streusel:
350 g Mehl
½ Päckchen Backpulver
235 g Butter
235 g Zucker
etwas Vanille- oder Zitronenaroma
1 EL Zimt
1 Prise Salz

Für den Zimtbelag:
125 g Butter
125 g Zucker
40 g Mehl
1 EL Zimt
Puderzucker zum Bestäuben

Zubereitung:

1. Die Buttermilch leicht erwärmen (nicht kochen). Das Mehl in eine Schüssel sieben und in die Mitte eine Mulde drücken. Die Hefe hineinbröckeln und mit 1 TL Zucker, der Hälfte der Milch und etwas Mehl zu einem Vorteig verrühren. Abgedeckt 15–20 Minuten an einem warmen Ort gehen lasen.

2. Für die Streusel Mehl und Backpulver in eine Schüssel sieben, die weiche Butter in Flöckchen dazugeben und die restlichen Zutaten sowie das Salz hinzufügen. Alles rasch mit den Händen zu Streuseln verarbeiten.

3. Alternativ einen Zimtbelag herstellen. Dafür weiche Butter, Zucker, Mehl und Zimt zu einer streichfähigen Paste verarbeiten.

4. Den Vorteig mit den restlichen Teigzutaten, der weichen Butter sowie 1 Prise Salz vermischen und mit den Knethaken des Handrührgerätes zu einem geschmeidigen Teig verarbeiten. Den Teig weitere 20 Minuten gehen lassen. Den Backofen auf 200 °C (Umluft 180 °C) vorheizen.

5. Den Hefeteig aus der Schüssel nehmen und auf einer bemehlten Arbeitsfläche mit einem Nudelholz in Größe des Backblechs ausrollen. Das Backblech mit Butter einfetten oder mit Backpapier auslegen. Den Teig darauflegen und die Ränder leicht hochdrücken. Den Teig abdecken und weitere 5 Minuten gehen lassen.

6. Die Streusel oder die Zimtpaste auf dem Teig verteilen und dann 35–40 Minuten auf mittlerer Schiebeleiste backen. Nach dem Abkühlen mit Puderzucker bestäuben.

Bemerken Sie zu spät, dass kein Puderzucker zum Bestäuben eines Kuchens im Haus ist, können Sie gewöhnliche Zuckerraffinade mit dem Mixer oder im Mörser pulverisieren.

Apfelkuchen
„Sächsische Art“

Zubereitung:

1. Den Backofen auf 175 °C (Umluft 155 °C) vorheizen. Ein Backblech gut einfetten und mit Mehl bestäuben.

2. Die weiche Butter in eine Schüssel geben und mit den Rührbesen des Handrührgerätes schaumig schlagen. ⅔ des Zuckers und das Salz dazugeben. Alles schlagen, bis der Zucker vollständig aufgelöst ist. Die Eier trennen und das Eigelb zur Buttermischung geben und unterrühren. Das Mehl mit dem Backpulver und der Speisestärke mischen und darübersieben. Alles gut verrühren.

3. Das Eiweiß mit dem restlichen Zucker steif schlagen und unter den Teig heben. Den Teig auf das vorbereitete Backblech geben und glatt streichen. Es empfiehlt sich, den Teig ca. 10 Minuten vorzubacken, damit die Äpfel ihn nicht durchweichen.

4. Die Äpfel schälen, entkernen und in ein Sieb reiben, damit der Saft abtropfen kann. Die Zutaten für die Streusel in eine Schüssel geben und gut durchkneten. Zuletzt die Streusel mit den Händen kneten, da sie so schöner und dicker werden.

5. Die geriebenen Äpfel gleichmäßig auf den Kuchenboden geben und die Streusel darauf verteilen.

6. Den Kuchen im Backofen auf mittlerer Schiebeleiste backen. Ist der Boden schon vorgebacken, ist eine Backzeit von 40 Minuten ausreichend. Ansonsten den Kuchen 50 Minuten backen.

Zutaten *für 1 Blech:*

Für den Teig:
- 300 g Butter
- 250 g Zucker
- 1 Prise Salz
- 4 Eier
- 300 g Mehl
- 2 TL Backpulver
- 50 g Speisestärke

Für den Belag:
- 2 kg Äpfel

Für die Streusel:
- 125 g weiche Butter
- 300 g Mehl
- 170 g Zucker

Die Mischung macht's:

Die geriebenen Äpfel können mit Rosinen und/oder gehackten Mandeln gemischt werden. Besonders gut geeignet sind mürbe, säuerliche Apfelsorten wie Boskop oder Ingrid Marie. Die Streusel werden knuspriger, wenn man den weißen Zucker zur Hälfte mit braunem Zucker mischt. Außerdem können sie mit einer Prise Zimt verfeinert werden.

Zwetschgenkuchen

Zubereitung:

1. Die Milch leicht erwärmen (nicht kochen). Das Mehl in eine Schüssel sieben und in die Mitte eine Mulde drücken. Die Hefe hineinbröckeln und mit 1 TL Zucker und der Hälfte der Milch zu einem Vorteig verrühren. Mit einem Tuch abgedeckt 15–20 Minuten an einem warmen Ort gehen lassen.

2. Die Zwetschgen waschen, abtropfen lassen und den Kern mit einem Zwetschgenentsteiner entfernen. Wenn der Kern mit dem Messer entfernt wird, die Zwetschgen zur Hälfte aufschneiden, jedoch nicht ganz durchschneiden. Den Kern entfernen und die zusammenhängenden Hälften jeweils zu ⅓ einschneiden, sodass vier Spitzen entstehen.

3. Dem Vorteig die restlichen Zutaten sowie das Salz hinzufügen und alles mit den Knethaken des Handrührgerätes schnell zu einem geschmeidigen Teig verarbeiten. Abgedeckt weitere 10 Minuten ruhen lassen. Danach den Teig auf einer bemehlten Arbeitsfläche flachdrücken, die Seiten nach innen einschlagen, in die Schüssel zurücklegen und nochmals 10 Minuten gehen lassen. Den Backofen auf 200–225 °C (Umluft 180–205 °C) vorheizen.

4. Den Hefeteig aus der Schüssel nehmen und auf der bemehlten Arbeitsfläche mit einem Nudelholz etwa in der Größe des Backblechs ausrollen. Das Backblech mit Butter einfetten oder mit Backpapier auslegen und den Teig darauflegen. Die Ränder leicht hochdrücken, den Teig mit einem Tuch abgedeckt weitere 5 Minuten gehen lassen.

5. Danach die vorbereiteten Zwetschgen schuppenförmig auf den Teig setzen, abdecken und weitere 10–15 Minuten gehen lassen.

6. Im Backofen auf mittlerer Schiebeleiste 40–45 Minuten backen.

7. Den Kuchen kurz abkühlen lassen, dann vom Blech nehmen und auf einem Kuchengitter erkalten lassen. Danach in Stücke schneiden, nach Belieben mit Zucker bestreuen und mit geschlagener Sahne servieren.

Zutaten *für 1 Blech:*

Für den Teig:
250–300 ml Milch
500 g Mehl
1 Würfel Frischhefe oder
1 Päckchen Trockenhefe
80 g Zucker
80 g Butter oder Margarine
1 Päckchen Vanillezucker
1 Prise Salz

Für den Belag:
2,5 kg Zwetschgen

Den Zucker ...

... erst kurz vor dem Servieren auf den Zwetschgenkuchen streuen, weil sonst die Früchte zu viel Saft ziehen.

Quarkkuchen mit Rosinen

Zutaten *für 1 Blech:*

Für den Hefeteig:

250–300 ml Milch
500 g Mehl
1 Würfel Frischhefe oder
1 Päckchen Trockenhefe
80 g Zucker
80 g weiche Butter oder
Margarine
1 Päckchen Vanillezucker
1 Prise Salz

Für die Quarkmasse:

250 g Rosinen
1 kg Schichtkäse oder
Magerquark
200 g Zucker
50–60 g Speisestärke
250 ml Milch oder süße Sahne
2–3 Eier
1 Vanilleschote
Zitronenaroma

Zubereitung:

1. Die Milch leicht erwärmen (nicht kochen). Das Mehl in eine Schüssel sieben und in die Mitte eine Mulde drücken. Die Hefe hineinbröckeln und mit 1 TL Zucker und der Hälfte der Milch zu einem Vorteig verrühren. Mit einem Tuch abgedeckt 15–20 Minuten an einem warmen Ort gehen lassen.

2. Die Rosinen waschen, einige Minuten in lauwarmem Wasser einweichen und gut ausdrücken. Den Quark mit dem Zucker, der Speisestärke, der Milch und den Eiern verrühren. Das Mark der Vanilleschote herauskratzen und zusammen mit einigen Tropfen Zitronenaroma zu der Quarkmasse geben. Die Rosinen hinzufügen und alles gut verrühren.

3. Dem Vorteig die restlichen Zutaten sowie das Salz hinzufügen und alles mit den Knethaken des Handrührgerätes schnell zu einem geschmeidigen Teig verarbeiten. Abgedeckt weitere 10 Minuten ruhen lassen. Danach den Teig auf einer bemehlten Arbeitsfläche flachdrücken, die Seiten nach innen einschlagen und in der abgedeckten Schüssel nochmals 10 Minuten gehen lassen. Den Backofen auf 200–220 °C (Umluft 180–200 °C) vorheizen.

4. Den Hefeteig auf der bemehlten Arbeitsfläche mit einem Nudelholz etwa in der Größe des Backblechs ausrollen. Das Backblech mit Butter einfetten oder mit Backpapier auslegen und den Teig darauflegen. Die Ränder leicht hochdrücken, den Teig abgedeckt nochmals 5 Minuten gehen lassen.

5. Die Quarkmasse auf den Teig geben und im Backofen auf mittlerer Schiebeleiste 40–45 Minuten backen.

Quarkkuchen mit Rosinen

Apfelmuskuchen
mit Sahne

Zutaten *für 1 Blech:*

Für den Teig:
250–300 ml Milch
500 g Mehl
1 Würfel Frischhefe oder
1 Päckchen Trockenhefe
80 g Zucker
80 g Butter oder Margarine
1 Päckchen Vanillezucker
1 Prise Salz

Für den Belag:
3 kg Äpfel
100 g Zucker
100 g Rosinen
400 ml süße Sahne

Zubereitung:

1. Die Milch leicht erwärmen (nicht kochen). Das Mehl in eine Schüssel sieben und in die Mitte eine Mulde drücken. Die Hefe hineinbröckeln und mit 1 TL Zucker und der Hälfte der Milch zu einem Vorteig verrühren. Mit einem Tuch abgedeckt 15–20 Minuten an einem warmen Ort gehen lassen.

2. Wenn der Vorteig Blasen wirft, die restlichen Zutaten sowie das Salz hinzufügen und alles mit den Knethaken des Handrührgerätes zu einem geschmeidigen Teig verkneten. Den Teig mit etwas Mehl bestreuen und in einer Schüssel abgedeckt 20–30 Minuten gehen lassen.

3. Den Hefeteig auf der bemehlten Arbeitsfläche mit einem Nudelholz etwa in der Größe des Backblechs ausrollen. Das Backblech mit Butter einfetten oder mit Backpapier auslegen und den Teig darauflegen. Den Teig mehrmals mit einer Gabel einstechen. Die Ränder leicht hochdrücken und den Teig abgedeckt nochmals 5 Minuten gehen lassen. Den Backofen auf 180 °C (Umluft 160 °C) vorheizen.

4. Den Hefeteigboden ca. 30 Minuten auf mittlerer Schiebeleiste backen, dann aus dem Ofen nehmen und abkühlen lassen.

5. Die Äpfel schälen, entkernen und vierteln. Mit 150 ml Wasser in einem Topf 15 Minuten kochen lassen. Mit einem Pürierstab und dem Zucker zu Mus verarbeiten. Je nach Geschmack und Apfelsorte die Zuckermenge erhöhen oder verringern. Alternativ kann auch Apfelmus aus dem Glas verwendet werden.

6. Wenn das Apfelmus etwas abgekühlt ist, nach Belieben die Rosinen unter die ganze oder die halbe Menge des Apfelmus rühren. Das Apfelmus auf dem gebackenen Boden verteilen.

7. Die Sahne steif schlagen und mit Hilfe einer Spritztülle in kleinen Tupfern auf dem Kuchen verteilen.

Apfelkuchen

Zutaten *für 1 Blech:*

Für den Hefeteig:
250–300 ml Milch
500 g Mehl
1 Würfel Frischhefe oder
1 Päckchen Trockenhefe
80 g Zucker
80 g Butter oder Margarine
1 Päckchen Vanillezucker
1 Prise Salz

Für den Belag:
2,5 kg Äpfel
etwas Zitronensaft

Zubereitung:

1. Die Milch leicht erwärmen (nicht kochen). Das Mehl in eine Schüssel sieben und in die Mitte eine Mulde drücken. Die Hefe hineinbröckeln und mit 1 TL Zucker und der Hälfte der Milch zu einem Vorteig verrühren. Mit einem Tuch abgedeckt 15–20 Minuten an einem warmen Ort gehen lassen.

2. In der Zwischenzeit die Äpfel waschen, schälen, halbieren und das Kerngehäuse entfernen. Die Apfelhälften jeweils in 6–7 Spalten schneiden und mit etwas Zitronensaft beträufeln.

3. Dem Vorteig die restlichen Zutaten sowie das Salz hinzufügen und mit den Knethaken des Handrührgerätes schnell zu einem geschmeidigen Teig verarbeiten. Wiederum mit dem Tuch abdecken und weitere 10 Minuten ruhen lassen. Danach den Teig auf einer bemehlten Arbeitsfläche flachdrücken, die Seiten nach innen einschlagen und in der abgedeckten Schüssel nochmals 10 Minuten gehen lassen. Den Backofen auf 200 °C (Umluft 180 °C) vorheizen.

4. Den Hefeteig auf der bemehlten Arbeitsfläche mit einem Nudelholz etwa in der Größe des Backblechs ausrollen. Das Backblech mit Butter einfetten oder mit Backpapier auslegen und den Teig darauflegen. Die Ränder leicht hochdrücken, den Teig abgedeckt nochmals 5 Minuten gehen lassen.

5. Danach die vorbereiteten Apfelspalten dicht nebeneinander auf den Teig setzen, abdecken und weitere 10–15 Minuten gehen lassen.

6. Im Backofen auf mittlerer Schiebeleiste ca. 50 Minuten backen.

Tipp

Für diesen Kuchen eignen sich säuerliche Äpfel (z. B. Idared) sehr gut. Wenn Sie die Äpfel nach dem Schälen und Schneiden mit etwas Zitronensaft beträufeln, werden sie nicht so schnell braun.

Käsekuchen mit Mandarinen

Zutaten *für 1 Blech:*

Für den Teig:
150 g Margarine
180 g Zucker
5 Eigelb
5 EL Milch
400 g Mehl
3 TL Backpulver

Für den Belag:
5 Eiweiß
2 Dosen Mandarinen
1 kg Quark
2 Becher saure Sahne
2 Päckchen Puddingpulver Vanille
300 g Zucker
Saft einer Zitrone
1 Tasse Pflanzenöl
2 Päckchen klarer Tortenguss

Zubereitung:

1. Die Margarine mit dem Zucker in eine Rührschüssel geben und gut verrühren. Nach und nach unter Rühren das Eigelb und die Milch dazugeben. Das Mehl mit dem Backpulver vermischen und unter den Teig rühren.

2. Ein Backblech mit Butter einfetten oder mit Backpapier auslegen. Den Teig auf das Blech geben und glatt streichen.

3. Für den Belag das Eiweiß steif schlagen. Die Mandarinen abtropfen lassen und den Saft in einem kleinen Topf sammeln. Den Backofen auf 175 °C (Umluft 155 °C) vorheizen.

4. Den Quark, die saure Sahne, das Puddingpulver, den Zucker und den Zitronensaft in eine große Rührschüssel geben und alles gut verrühren. Zuletzt 1 Tasse Öl dazugeben und den Eischnee unterheben.

5. Die Masse gleichmäßig auf dem Teig verteilen und mit den abgetropften Mandarinen belegen. Ca. 60 Minuten im Backofen auf mittlerer Schiebeleiste backen.

6. Den Tortenguss im Saft der Mandarinen auflösen, aufkochen und auf den warmen Kuchen geben.

Apfel-Mandel-Kuchen
mit Cranberrys

Die Cranberry ...

... zählt aufgrund ihrer Inhaltsstoffe zu den Superfoods: Sie wirkt vor allem auf das Herz-Kreislauf-System positiv und wird gegen Blasenentzündungen eingesetzt.

Zutaten *für 1 Blech:*

Für den Teig:

250–300 ml Milch
500 g Mehl
1 Würfel Frischhefe oder
  1 Päckchen Trockenhefe
80 g Zucker
80 g weiche Butter oder Margarine
1 Päckchen Vanillezucker
1 Prise Salz

Für den Belag:

500 g Äpfel
etwas Zitronensaft
2 Eier
400 ml Milch
1 Päckchen Puddingpulver Vanille
100 g gehackte Mandeln
50 g getrocknete Cranberrys

Zubereitung:

1. Die Milch leicht erwärmen (nicht kochen). Das Mehl in eine Schüssel sieben und in die Mitte eine Mulde drücken. Die Hefe hineinbröckeln und mit 1 TL Zucker und der Hälfte der Milch zu einem Vorteig verrühren. Mit einem Tuch abgedeckt 15–20 Minuten an einem warmen Ort gehen lassen.

2. Wenn der Vorteig Blasen wirft, die restlichen Zutaten sowie das Salz hinzufügen und alles mit den Knethaken des Handrührgerätes zu einem geschmeidigen Teig verarbeiten. Den Teig mit etwas Mehl bestäuben und in der Schüssel abgedeckt 20–30 Minuten gehen lassen.

3. Den Hefeteig auf einer bemehlten Arbeitsfläche mit einem Nudelholz etwa in der Größe des Backblechs ausrollen. Das Backblech mit Butter einfetten oder mit Backpapier auslegen und den Teig darauflegen. Den Teig mit einer Gabel flächendeckend einstechen und zugedeckt noch etwas gehen lassen. Den Backofen auf 180 °C (Umluft 160 °C) vorheizen.

4. Für den Belag die Äpfel schälen, halbieren, das Kerngehäuse entfernen und in Spalten schneiden. Die Apfelspalten mit Zitronensaft beträufeln, damit sie nicht braun werden.

5. Die Eier für den Belag aufschlagen und mit 2 EL Milch verquirlen. Das Puddingpulver mit 5 EL Milch in einem Topf anrühren, die restliche Milch dazugießen und unter Rühren aufkochen lassen. Wenn der Pudding kocht, vom Herd nehmen und die verquirlten Eier unterrühren.

6. Den Teig mit den Apfelspalten belegen, die Puddingmasse daraufgeben und verstreichen. Die gehackten Mandeln darauf verteilen. Im Backofen auf der mittleren Schiebeleiste ca. 40 Minuten backen.

7. Die Cranberrys in etwas Wasser einweichen und nach 30 Minuten Backzeit auf dem Kuchen verteilen. Den Kuchen weitere 10 Minuten backen.

Apfelkompott-Kuchen
mit Sahne

Zutaten *für 1 Blech:*

Für den Teig:
3 Eier
300 g Zucker
1 Päckchen Vanillezucker
450 g Mehl
1 Päckchen Backpulver
200 ml Mineralwasser
175 ml Pflanzenöl

Für den Belag:
3 kg Äpfel oder
ein Glas Apfelkompott
200 g Zucker
600 ml süße Sahne
2 Päckchen Sahnesteif
400 ml Schmand
Zimt

Zubereitung:

1. Den Backofen auf 180 °C (Umluft 160 °C) vorheizen. Ein Backblech gut einfetten.

2. In einer großen Schüssel die Eier aufschlagen, kurz verrühren und mit dem Zucker und dem Vanillezucker schaumig rühren. Das Mehl mit dem Backpulver vermischen und zusammen mit dem Mineralwasser und dem Öl dazugeben. Alles zu einem glatten Teig verarbeiten.

3. Den Teig gleichmäßig auf dem Backblech verteilen und 20 Minuten auf der mittleren Schiebeleiste backen. Aus dem Ofen nehmen und abkühlen lassen.

4. Die Äpfel schälen, entkernen und vierteln. Mit 150 ml Wasser in einen Topf geben und 15 Minuten kochen lassen. Mit einem Pürierstab und ca. 100 g Zucker (je nach Geschmack und Apfelsorte auch etwas mehr) grob zu Kompott verarbeiten. Alternativ kann man natürlich auch ein Glas Apfelkompott verwenden.

5. Die Sahne mit dem Sahnesteif steif schlagen und den Schmand unterheben.

6. Das Apfelkompott auf den erkalteten Kuchen streichen und die Sahnemischung darauf verteilen. Ca. 100 g Zucker mit 1 TL Zimt vermischen und gleichmäßig auf den Kuchen sieben.

Johannisbeer-Baiser-Kuchen

Zutaten *für 1 Blech:*

Für den Teig:
8 Eier
200 g Butter
200 g Zucker
1 Päckchen Vanillezucker
300 g Mehl
1 Päckchen Backpulver
100 g Speisestärke
125 ml Milch

Für den Belag:
1 ½ kg rote Johannisbeeren
400 g Zucker
1 Päckchen Vanillezucker

Zubereitung:

1. Die Johannisbeeren waschen, gut abtropfen lassen und von den Rispen zupfen. Den Backofen auf 175 °C (Umluft 155 °C) vorheizen.

2. Die Eier trennen. Die weiche Butter schaumig rühren und nach und nach den Zucker und den Vanillezucker zugeben. So lange rühren, bis die Masse schaumig ist. Die Eigelbe einzeln hinzufügen. Das Mehl, das Backpulver und die Speisestärke mischen und löffelweise unterrühren. Falls der Teig zu trocken wird, etwas Milch dazugeben. Den Teig mit einem Teigschaber auf ein eingefettetes Backblech streichen.

3. Die Johannisbeeren auf dem Teig verteilen und den Kuchen im Backofen auf der mittleren Schiebeleiste ca. 25 Minuten vorbacken.

4. In der Zwischenzeit aus den Eiweißen, dem Zucker und dem Vanillezucker einen schnittfesten Schnee schlagen.

5. Nach dem Vorbacken des Kuchens den Eischnee mithilfe eines Spritzbeutels mit Sterntülle auf die Johannisbeeren spritzen und weitere 30 Minuten backen, bis die Oberfläche leicht anbräunt.

6. Den Kuchen auf einem Gitter auskühlen lassen und in Stücke geschnitten servieren.

Dieser Kuchen schmeckt auch sehr lecker mit Stachelbeeren: Die feine Säure der Beeren harmoniert hervorragend mit dem süßen, luftigen Eischnee.

Johannisbeeren …

… sind ausgesprochen gesund: Sie enthalten jede Menge Vitamin C, Kalium, Eisen und andere wichtige Stoffe. Getoppt werden die roten und weißen Beeren aber von ihren schwarzen Verwandten. Diese weisen noch höhere Werte auf, z. B. beim Vitamin-C-Gehalt das Fünffache!

Mit Thunfisch …

… kann der Zwiebelkuchen abgewandelt werden. Man gibt dann 1 Dose abgetropften Thunfisch auf den Zwiebel-Schinken-Belag, bevor der Kuchen mit der Eier-Sahne-Masse übergossen wird.

Zwiebelkuchen

Zutaten *für 1 Blech:*

Für den Hefeteig:
250 ml Milch
500 g Mehl
1 Päckchen Trockenhefe oder
1 Würfel Frischhefe
½ TL Zucker
80 g Margarine
1 Prise Salz

Für den Belag:
1 kg Zwiebeln
200 g roher Schinken
4 EL Pflanzenöl
200 g Frischkäse
2 EL Paniermehl
Salz, Pfeffer

Für den Guss:
3 Eigelb
400 g saure Sahne
150 g geriebener Emmentaler
1 EL gehackte Petersilie
Salz, Pfeffer

Zubereitung:

1. Die Milch leicht erhitzen (nicht kochen). Das Mehl in eine Schüssel sieben und in die Mitte eine Mulde drücken. Die Hefe hineinbröckeln und mit dem Zucker und der Hälfte der Milch zu einem Vorteig verrühren. Mit einem Tuch abgedeckt 15–20 Minuten an einem warmen Ort gehen lassen.

2. In der Zwischenzeit die Zwiebeln abziehen und klein hacken. Den Schinken in kleine Würfel schneiden.

3. Zum Vorteig die Margarine sowie das Salz hinzufügen und alles mit den Knethaken des Handrührgerätes schnell zu einem geschmeidigen Teig verarbeiten. Weitere 20 Minuten ruhen lassen.

4. Während der Ruhezeit das Öl erhitzen und die Schinkenwürfel dazugeben, kurz anbraten und die gehackten Zwiebeln hinzufügen. Alles gut dünsten, dann mit Pfeffer und Salz abschmecken und abkühlen lassen.

5. Den Hefeteig aus der Schüssel nehmen und auf einer bemehlten Arbeitsfläche mit einem Nudelholz etwa in der Größe des Backblechs ausrollen. Das Backblech mit Butter einfetten oder mit Backpapier auslegen und den Teig darauflegen. Die Ränder leicht hochdrücken, den Teig mit Frischkäse bestreichen und mit Paniermehl bestreuen. Den Teig mit dem Tuch abdecken und weitere 5 Minuten gehen lassen. Den Backofen auf 200 °C (Umluft 180 °C) vorheizen.

6. Nun den abgekühlten Zwiebel-Schinken-Belag auf dem Teig verteilen. Die Eigelbe, die saure Sahne, den Käse und die Petersilie verquirlen. Mit Pfeffer und Salz würzen und auf den Belag gießen.

7. Im Backofen ca. 45 Minuten auf der mittleren Schiebeleiste backen.

Mandelschnitten
mit Amaretto

Zutaten *für 1 Blech:*

7 Eier
150 g Zartbitterschokolade
300 g Puderzucker
150 g Margarine *(z. B. von Rama)*
2 TL Zimt
1 Prise Salz
150 g Mehl
½ TL Backpulver
100 g geriebene Mandeln
2 EL Amaretto (Mandellikör)

Zubereitung:

1. Die Eier trennen. 100 g Schokolade fein reiben. Den Backofen auf 175 °C (Umluft 155 °C) vorheizen.

2. Die Eigelbe, 150 g Puderzucker, die Margarine, 1 TL Zimt und das Salz ca. 5 Minuten schlagen, bis alles cremig ist.

3. Das Mehl und das Backpulver mischen, sieben und unter die Creme heben. Ein Backblech mit Backpapier auslegen. Den Teig daraufgeben und glatt streichen.

4. Die Eiweiße, den restlichen Puderzucker und den Zimt zu Eischnee schlagen. Die Mandeln und die geriebene Schokolade unter den Eischnee heben. Den Amaretto dazugeben und die Masse gleichmäßig auf dem Teig verteilen.

5. Die Mandelschnitten ca. 35 Minuten im Backofen backen. Den fertigen Kuchen ca. 5 Minuten abkühlen lassen.

6. Die restliche Schokolade hacken und im Wasserbad bei geringer Hitze schmelzen. In einen Gefrierbeutel füllen, eine kleine Ecke abschneiden und damit feine Schokoladenfäden über den Kuchen spritzen. Den Kuchen in 24 Stücke schneiden und servieren.

Amaretto ist ein italienischer Mandellikör. Er schmeckt sehr süß und marzipanähnlich und hat 25 bis 29 Vol.-% Alkohol.

Zartbitterschokolade ...

... hat einen höheren Kakaoanteil als Vollmilchschokolade und ist somit herber und weniger süß im Geschmack. Sie enthält viele Flavonoide und hat angeblich eine positive Wirkung auf das Herz-Kreislauf-System.

Apfel-Kürbis-Kuchen
mit Pistazien

Zutaten *für 1 Blech:*

Für den Teig:
1 Ei
200 g Magerquark
50 g Zucker
1 Prise Salz
3 EL Pflanzenöl *(z. B. Becel Omega-3)*
300 g Mehl
2 TL Backpulver

Für den Belag:
750 g Kürbis
1 unbehandelte Zitrone
500 ml Apfelsaft
100 g Zucker
1 Zimtstange
750 g Äpfel
2 Päckchen Puddingpulver Vanille
100 g Magerquark
2–3 EL gehackte Pistazien

Zubereitung:

1. Für den Teig das Ei, den Quark, den Zucker, das Salz und das Öl verrühren. Das Mehl und das Backpulver mischen, zur Quarkmischung geben und alles zu einem glatten Teig verkneten. Den Teig in Folie wickeln und ½ Stunde bei Zimmertemperatur ruhen lassen.

2. Für den Belag den Kürbis schälen, entkernen und in 4 mm dicke Spalten schneiden. Die Zitrone heiß abwaschen, trocknen und die Schale abreiben. Den Saft auspressen. Den Apfelsaft, den Zucker, die Zimtstange, den Zitronensaft und die Zitronenschale aufkochen. Den Kürbis 3–4 Minuten darin garen, dann in ein Sieb geben und den Saft auffangen.

3. Den Teig auf einer bemehlten Arbeitsfläche in der Größe des Backblechs ausrollen. Das Backblech mit Butter einfetten oder mit Backpapier auslegen und den Teig darauflegen. Die Ränder leicht hochdrücken.

4. Die Äpfel schälen, entkernen, in 4 mm dicke Spalten schneiden und abwechselnd mit den Kürbisspalten auf dem Teig verteilen. Den Backofen auf 200 °C (Umluft 180 °C) vorheizen.

5. Den aufgefangenen Saft mit Wasser auf 500 ml auffüllen und aufkochen. Das Puddingpulver mit etwas Wasser glattrühren und die kochende Flüssigkeit damit binden. Den Quark mit dem heißen Pudding verrühren, die Masse auf die Früchte geben und glatt streichen.

6. Im Backofen auf mittlerer Schiebeleiste ca. 30 Minuten backen. Nach dem Abkühlen mit Pistazien bestreuen und in Stücke schneiden.

Hokkaido ...

... ist der beliebteste Speisekürbis. Das liegt nicht nur an seiner schönen orange-roten Farbe und den gesunden Inhaltsstoffen: Man kann ihn – im Gegensatz zu anderen Kürbissorten – mit Schale verwenden, was seine Verarbeitung sehr erleichtert.

Heidelbeer-Apfelkuchen

Zutaten *für 1 Blech:*

Für den Hefeteig:
300 ml Milch
500 g Mehl
1 Würfel Frischhefe oder
1 Päckchen Trockenhefe
70 g Zucker
60 g Margarine *(z. B. von Rama)*
1 Prise Salz

Für den Belag:
800 g Äpfel
200 g Heidelbeeren
50 g Mandelblättchen
2 EL Zucker
500 ml Rama Cremefine Vanilla

Zubereitung:

1. Die Milch leicht erwärmen (nicht kochen). Das Mehl in eine Schüssel sieben und in die Mitte eine Mulde drücken. Die Hefe hineinbröckeln und mit 1 TL Zucker und der Hälfte der Milch zu einem Vorteig verrühren. Mit einem Tuch abgedeckt 15–20 Minuten an einem warmen Ort gehen lassen.

2. Dem Vorteig die restlichen Zutaten sowie das Salz hinzufügen und alles mit den Knethaken des Handrührgerätes schnell zu einem geschmeidigen Teig verarbeiten. Abgedeckt weitere 10 Minuten ruhen lassen. Danach den Teig auf einer bemehlten Arbeitsfläche flachdrücken, die Seiten nach innen einschlagen und in der abgedeckten Schüssel nochmals 30 Minuten gehen lassen.

3. Den Hefeteig auf der bemehlten Arbeitsfläche mit einem Nudelholz in der Größe des Backblechs ausrollen. Das Backblech mit Butter einfetten oder mit Backpapier auslegen und den Teig darauflegen. Die Ränder leicht hochdrücken, den Teig abgedeckt nochmals 5 Minuten gehen lassen. Den Backofen auf 220 °C (Umluft 200 °C) vorheizen.

4. In der Zwischenzeit die Äpfel waschen, trocknen und mit der Schale vierteln. Das Kerngehäuse entfernen und in Spalten schneiden. Die Apfelspalten auf dem Teig verteilen und im Backofen auf mittlerer Schiebeleiste ca. 25 Minuten backen. Nach 15 Minuten die Heidelbeeren auf den Kuchen geben, mit dem Zucker und den Mandelblättchen bestreut weitere 10 Minuten backen.

5. Die Cremefine in einem kleinen Topf erwärmen und zum Apfelkuchen reichen.

Zutaten *für 1 Blech:*

Für den Teig:
150 ml Milch
500 g Mehl *(z. B. von Goldpuder)*
1 Würfel Frischhefe oder
1 Päckchen Trockenhefe
1 TL Zucker
125 g Margarine
100 g brauner Zucker
1 Ei
1 Prise Salz

Für den Belag:
1 kg Rhabarber
150 g Zucker
1 EL Mehl
1 Vanilleschote
300 g Crème fraîche
1 Päckchen Puddingpulver Vanille
1 Ei
100 g Mandelblättchen
Puderzucker zum Bestäuben

Rhabarberkuchen
mit Mandelblättchen

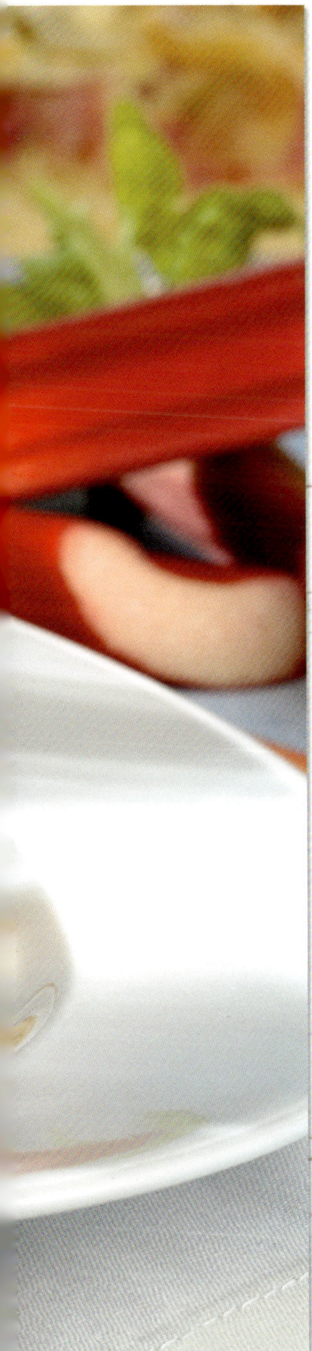

Zubereitung:

1. Die Milch für den Teig leicht erwärmen (nicht kochen). Das Mehl in eine Schüssel sieben und in die Mitte eine Mulde drücken. Die Hefe hineinbröckeln und mit 1 TL Zucker und 100 ml Milch zu einem Vorteig verrühren. Mit einem Tuch abgedeckt 15–20 Minuten an einem warmen Ort gehen lassen.

2. Die restlichen Zutaten sowie das Salz zum Vorteig hinzufügen und alles mit den Knethaken des Handrührgerätes zu einem geschmeidigen Teig verarbeiten. Den Teig in einer abgedeckten Schüssel ca. 1 Stunde ruhen lassen.

3. Für den Belag den Rhabarber putzen, waschen und falls nötig von den äußeren Fäden befreien. In kleine Stücke schneiden und mit 50 g Zucker sowie dem Mehl vermischen.

4. Den Teig auf einer bemehlten Arbeitsfläche in der Größe des Backblechs ausrollen, auf ein mit Backpapier ausgelegtes Blech legen und zugedeckt weitere 15 Minuten an einem warmen Ort gehen lassen. Den Backofen auf 200 °C (Umluft 180 °C) vorheizen.

5. Die Vanilleschote längs aufschneiden und das Mark herauskratzen. Die Crème fraîche, den restlichen Zucker, das Puddingpulver, das Ei und das Vanillemark verrühren.

6. Den Rhabarber auf dem Teig verteilen, die Crème-fraîche-Masse daraufstreichen und mit den Mandelblättchen bestreuen. Den Kuchen ca. 30 Minuten im Backofen auf mittlerer Schiebeleiste backen. Den Kuchen auskühlen lassen und mit Puderzucker bestäubt servieren.

Fruchtige Erdbeerschnitten

Zutaten *für 1 Blech:*

Für den Mürbeteigboden:
250 g Mehl
75 g Puderzucker
1 EL geriebene Zitronenschale
1 Päckchen Vanillezucker
1 Prise Salz
1 Ei
150 g Margarine
100 g Erdbeerkonfitüre

Für den Rührteig:
150 g Margarine
150 g Zucker
1 Päckchen Vanillezucker
4 Eier
200 g Mehl
½ Päckchen Backpulver
2 EL Kakaopulver

Für den Belag:
1250 g Erdbeeren
250 g Magerquark
160 g Zucker
350 g Rama Cremefine zum Schlagen
2 Päckchen roter Tortenguss

Zubereitung:

1. Für den Mürbeteig das Mehl mit dem Puderzucker, der Zitronenschale, dem Vanillezucker und dem Salz mischen. Das Ei trennen und das Eiweiß beiseitestellen. Das Eigelb in die Mitte der Mehlmischung geben und die Margarine in Flöckchen darauf verteilen. Mit den Knethaken des Handrührgerätes alles zu einem geschmeidigen Teig verkneten. Den Teig in Frischhaltefolie verpacken und ca. 60 Minuten kalt stellen.

2. Den Backofen auf 180 °C (Umluft 160 °C) vorheizen. Ein Backblech mit Backpapier auslegen und den Teig darauf ausrollen.

3. Den Teig ca. 20 Minuten auf mittlerer Schiebeleiste backen. Etwas auskühlen lassen, auf ein großes Brett legen, das Backpapier abziehen und den Teig mit Erdbeerkonfitüre bestreichen.

4. Für den Rührteig die Margarine mit 100 g Zucker und dem Vanillezucker mit den Rührbesen des Handrührgerätes cremig rühren. Die Eier trennen, die Eiweiße mit dem Eiweiß vom Mürbeteig zusammengeben. Die Eigelbe nach und nach unter die Margarine-Mischung rühren. Das Mehl, das Backpulver und den Kakao mischen, sieben und löffelweise unter den Teig rühren. Das Eiweiß mit dem restlichen Zucker steif schlagen und unterheben.

5. Ein Backblech mit Backpapier auslegen und den Teig darauf verstreichen. Im Backofen bei 180 °C (Umluft 160 °C) ca. 15 Minuten backen. Die Teigplatte auf den Mürbeteig legen und das Backpapier abziehen.

6. Die Erdbeeren waschen, putzen und halbieren. Den Quark und 100 g Zucker mit den Rührbesen des Handrührgerätes aufschlagen. Die Cremefine langsam unter den Quark rühren, bis eine sehr feste Creme entstanden ist. Die Creme gleichmäßig auf dem Kuchen verteilen und mit Erdbeeren belegen.

7. Den Tortenguss mit dem restlichen Zucker nach Packungsanweisung zubereiten und löffelweise über die Erdbeeren geben. Den Kuchen ca. 30 Minuten kalt stellen.

Erdbeeren …

… sind sehr empfindliche Früchte, die nicht lange lagerfähig sind. Im Kühlschrank halten sie ein bis zwei Tage. Waschen Sie die Früchte erst unmittelbar vor dem Verzehr, da sie sonst noch schneller verderben.

Kleine Rotwein-Gewürz-Schnitten

Zutaten *für ca. 16 Stück:*

Für den Teig:
150 g Margarine *(z. B. von Sanella)*
175 g brauner Zucker
2 TL Lebkuchengewürz
1 Päckchen geriebene Zitronenschale
1 Päckchen geriebene Orangenschale
3 Eier
200 g Mehl
1 Päckchen Puddingpulver Schokolade
½ Päckchen Backpulver
1 Prise Salz
75 ml trockener Rotwein
100 g Zartbitterschokolade

Für die Glasur:
200 g Puderzucker
50 ml Rotwein

Zubereitung:

1. Den Backofen auf 200 °C (Umluft 180 °C) vorheizen.

2. Die Margarine, den Zucker, das Lebkuchengewürz, die Zitronen- und die Orangenschale mit den Rührbesen eines Handrührgerätes ca. 2 Minuten verrühren. Die Eier nacheinander dazugeben und alles zu einer Creme verrühren.

3. Das Mehl, das Puddingpulver, das Backpulver und das Salz mischen, sieben und abwechselnd mit dem Rotwein unter die Creme rühren. Die Schokolade fein hacken und unterheben.

4. Ein Backblech mit Backpapier auslegen, den Teig daraufgeben und glatt streichen. Im Backofen auf mittlerer Schiebeleiste ca. 25 Minuten backen. Den Kuchen auf ein Kuchengitter stürzen und das Backpapier abziehen.

5. Den Puderzucker und den Rotwein zu einem Guss verrühren, gleichmäßig auf dem Kuchen verstreichen und ca. 60 Minuten abkühlen lassen. Den Kuchen in 16 Stücke schneiden.

Schoko-Ecken

mit bunten Zuckerstreuseln

Zutaten *für 1 Blech:*

250 g Margarine
(z. B. von Rama)
250 g Zucker
1 Päckchen Vanillezucker
1 Prise Salz
6 Eier
250 g Blockschokolade
100 g Mehl
2 EL Kakao
250 g gemahlene Mandeln
200 g dunkle Kuvertüre
bunte Zuckerstreusel

Zubereitung:

1. Den Backofen auf 180 °C (Umluft 160 °C) vorheizen. Die Margarine, den Zucker, den Vanillezucker und das Salz mit den Rührbesen des Handrührgerätes schaumig schlagen.

2. Die Eier einzeln unterrühren. Die Blockschokolade reiben. Das Mehl und den Kakao mischen, sieben und mit den Mandeln und der geriebenen Schokolade unter den Teig heben.

3. Ein Backblech mit Backpapier auslegen. Den Teig daraufgeben und glatt streichen. Im Backofen auf der mittleren Schiebeleiste ca. 25 Minuten backen. Den Kuchen auf einem Kuchengitter auskühlen lassen.

4. Die Kuvertüre im Wasserbad schmelzen und etwas abkühlen lassen. Den Kuchen mit der Kuvertüre überziehen und mit bunten Zuckerstreuseln bestreuen. Den Kuchen erst in 30 Vierecke, dann jedes Stück quer zerschneiden, bevor die Kuvertüre fest wird.

Wenn Sie mit der Kuvertüre ein Stück Kokosfett schmelzen, wird sie geschmeidiger und lässt sich besser auftragen. Außerdem bekommt sie dadurch mehr Glanz.

Schoko-Ecken mit bunten Zuckerstreuseln

Orangen …

… schmecken nicht nur herrlich fruchtig, sie sind auch gesund: Wie alle Zitrusfrüchte enthalten sie viel Vitamin C, Spurenelemente und sekundäre Pflanzenstoffe. Außerdem haben sie eine cholesterinsenkende Wirkung.

Mandel-Orangen-Streifen

Zutaten *für 1 Blech:*

Für den Mürbeteig:
80 g Margarine
40 g Zucker
1 Eigelb
125 g Mehl

Für die Mandelmasse:
2 Eier
80 g Puderzucker
½ unbehandelte Orange
30 g Mehl
150 g geschälte und geriebene Mandeln
120 g Orangenmarmelade

Für den Belag:
200 g Frischkäse *(z. B. von Brunch)*
1 EL Puderzucker

Zubereitung:

1. Die Margarine, den Zucker und das Eigelb mit den Rührbesen des Handrührgerätes schaumig rühren. Das Mehl sieben und dazugeben. Alles zügig verkneten, in Folie wickeln und ca. 30 Minuten kalt stellen.

2. Für die Mandelmasse die Eier trennen. Die Hälfte des Puderzuckers mit dem Eigelb verrühren. Die Orange heiß abwaschen, trocknen und die Schale abreiben. Den Saft auspressen. Einige Zesten aus der Schale reißen und beiseitestellen. Schale und Saft hinzufügen.

3. Das Mehl und die Mandeln mischen und unterheben. Das Eiweiß mit dem restlichen Puderzucker zu steifem Schnee schlagen und unter die Mandelmasse heben.

4. Den Backofen auf 175 °C (Umluft 155 °C) vorheizen. Ein tiefes Backblech (Fettpfanne) oder eine Backform (30 x 15 cm) mit Backpapier auslegen.

5. Den Mürbeteig dünn ausrollen und mit einer Gabel mehrmals einstechen. Die Teigplatte so auf das Blech legen, dass eine lange Seite am Rand des Bleches anliegt. Falls das Backblech größer ist, aus Alufolie eine lange Rolle drehen und vor die Teigplatte legen, damit die Mandelmasse nicht vom Teigboden laufen kann.

6. Orangenmarmelade glatt rühren und auf dem Mürbeteigboden verstreichen. Die Mandelmasse daraufgeben und glatt streichen. Im Backofen auf der mittleren Schiebeleiste ca. 25 Minuten backen. Den Kuchen nach dem Backen vollständig abkühlen lassen.

7. Für den Belag den Frischkäse mit Puderzucker verrühren und auf dem Kuchen verteilen. Mit Orangenzesten garnieren und in Streifen schneiden.

Bienenstich
mit Erdbeeren

Zutaten *für 1 Blech:*

Für den Teig:
200 ml Milch
500 g Mehl
1 Würfel Frischhefe oder
1 Päckchen Trockenhefe
50 g Zucker
1 unbehandelte Zitrone
150 g Margarine
(z. B. von Rama)
1 Ei
1 Prise Salz

Für den Belag:
100 g Zucker
100 g Margarine
4 EL Milch
4 EL Erdbeermarmelade
200 g Mandelblättchen

Für die Füllung:
2 Päckchen Puddingpulver
Vanille
50 g Zucker
2 Päckchen Vanillezucker
400 ml Milch
500 ml süße Sahne
500 g Erdbeeren
2 Blatt Gelatine

Zubereitung:

1. Die Milch für den Teig leicht erwärmen (nicht kochen). Das Mehl in eine Schüssel sieben und in die Mitte eine Mulde drücken. Die Hefe hineinbröckeln und mit 1 TL Zucker und 100 ml Milch zu einem Vorteig verrühren. Mit einem Tuch abgedeckt 15–20 Minuten an einem warmen Ort gehen lassen.

2. Die Zitrone heiß abwaschen, trocknen und die Schale abreiben. Die Zitronenschale und die restlichen Zutaten sowie das Salz zum Vorteig hinzufügen und alles mit den Knethaken des Handrührgerätes schnell zu einem geschmeidigen Teig verarbeiten. Den Teig in einer abgedeckten Schüssel ca. 1 Stunde ruhen lassen.

3. In der Zwischenzeit für den Belag den Zucker, die Margarine und die Milch erhitzen, dann von der Herdplatte nehmen. Die Marmelade einrühren und die Mandeln unterheben.

4. Ein Backblech mit Backpapier auslegen. Den Teig in der Größe des Blechs ausrollen und auf das Blech legen. 15 Minuten gehen lassen. Den Backofen auf 190 °C (Umluft 170 °C) vorheizen.

5. Die Mandelmasse auf den Teig streichen und im Backofen ca. 35 Minuten auf der mittleren Schiebeleiste goldgelb backen. Den Kuchen auf einem Kuchengitter auskühlen lassen.

6. Für die Füllung das Puddingpulver mit dem Zucker, dem Vanillezucker und 7 EL kalter Milch verrühren. Die restliche Milch zum Kochen bringen, das aufgelöste Puddingpulver unter ständigem Rühren in die Milch geben. Den Pudding von der Kochstelle nehmen und abkühlen lassen.

7. Die Sahne mit den Rührbesen des Handrührgerätes aufschlagen und in den Kühlschrank stellen. Die Erdbeeren waschen, putzen und je nach Größe vierteln oder halbieren.

8. Wenn der Pudding abgekühlt ist, die Gelatine 5 Minuten in Wasser einweichen und ausdrücken. Die Gelatine im Pudding auflösen und gut verrühren. Die Erdbeeren und die Sahne vorsichtig unterheben. Die Creme in den Kühlschrank stellen.

9. Den Kuchen waagrecht halbieren und jede Kuchenplatte einmal durchschneiden. Den Kuchendeckel vorab in 28 Stücke schneiden. Den Kuchen mit der Creme bestreichen und den Deckel vorsichtig darauflegen. Dann den Bienenstich ca. 2 Stunden kühl stellen.

Zutaten *für 1 Blech:*

Für den Biskuit:
50 g Mehl
40 g Kakaopulver
5 Eier
175 g Zucker

Für die Creme:
450 ml Milch
1 Päckchen Puddingpulver Vanille
100 g Zucker
1 Prise Salz
200 g Margarine *(z. B. von Sanella)*

Für die Fruchtfüllung:
1 Päckchen klarer Tortenguss
4 EL Zucker
1 Glas Sauerkirschen
(Abtropfgewicht 350 g)
2 Bananen
2 EL Puderzucker

Kirsch-Bananen-Schnitten

Zubereitung:

1. Den Backofen auf 160 °C (Umluft 140 °C) vorheizen.

2. Für den Teig das Mehl und den Kakao mischen und sieben. Die Eier trennen und das Eiweiß mit den Rührbesen des Handrührgerätes zu Eischnee schlagen, dabei den Zucker einrieseln lassen.

3. Wenn die Masse fest ist, 3 Eigelb nacheinander unter den Eischnee heben, anschließend das Mehl-Kakao-Gemisch unterheben.

4. Ein Backblech mit Backpapier auslegen und den Teig daraufstreichen. Im Backofen für ca. 25 Minuten auf der mittleren Schiebeleiste backen. Die Biskuitplatte aus dem Backofen nehmen, auf ein Küchentuch stürzen und auskühlen lassen. Das Backpapier vorsichtig abziehen.

5. Inzwischen für die Creme ca. 200 ml der Milch mit dem Puddingpulver, dem Zucker, dem Salz und dem restlichen Eigelb verrühren. Die übrige Milch zum Kochen bringen, das angerührte Puddingpulver dazugeben und unter Rühren kurz aufkochen.

6. Den Pudding mit Klarsichtfolie abdecken und erkalten lassen, evtl. hin und wieder umrühren. Die Margarine cremig rühren, den Pudding löffelweise dazugeben und alles gut verrühren.

7. Die Biskuitplatte in zwei gleich große Teile schneiden. Eine Plattenhälfte auf Aluminiumfolie (ca. 30 cm x 45 cm) legen, dabei einen Rand von ca. 5 cm an jeder Kante falten. Den Tortenguss mit dem Zucker nach Packungsanweisung zubereiten und warm stellen.

8. Die Kirschen abtropfen lassen. Die Bananen schälen und in ca. 0,5 cm dicke Scheiben schneiden. Die Bananenscheiben auf den Boden legen und die Kirschen darüber verteilen.

9. Den Tortenguss löffelweise über die Früchte geben und im Kühlschrank ca. 20 Minuten fest werden lassen.

10. Die Creme auf die Fruchtschicht streichen. Die zweite Biskuitplatte darauflegen und mit Puderzucker bestäuben. Zum Festwerden ca. 60 Minuten kalt stellen.

Gemüsekuchen „Gärtnerin“

Zutaten *für 1 Blech:*

1 Packung frischer Pizzateig
(z. B. von Henglein)
2 Möhren
1 Zucchini
1 Aubergine
1 Stange Lauch
3 Frühlingszwiebeln
½ Bund Petersilie
150 g Crème fraîche
4 Eier
½ TL bunter grob geschroteter Pfeffer
1 Prise rosenscharfer Paprika
1 TL Salz

Zubereitung:

1. Den Backofen auf 220 °C (Umluft 200 °C) vorheizen. Ein Backblech mit Backpapier auslegen. Den Pizzateig ausrollen, einen kleinen Rand formen und darauflegen. Den Rand mit etwas Alufolie abstützen.

2. Das Gemüse waschen. Die Möhren und die Zucchini in dünne Scheiben schneiden. Die Aubergine halbieren und in Würfel schneiden. Den Lauch und die Frühlingszwiebeln in Ringe schneiden. Das Gemüse in kochendem Wasser kurz blanchieren, abtropfen lassen und auf dem Teig verteilen.

3. Die Petersilie waschen, trocknen, die Blättchen abzupfen und fein wiegen. Die Crème fraîche, die Eier, die Petersilie, die Gewürze und das Salz verrühren, über das Gemüse geben und im Backofen ca. 30 Minuten backen.

Für den Gemüsekuchen können Sie auch jedes andere Gemüse verwenden, wie z.B. Spargel, Erbsen oder Tomaten. Ihrer Fantasie sind keine Grenzen gesetzt.

Franzbrötchen

Zutaten *für 4 Personen:*

Für den Teig:
750 g Weizenmehl
1 ½ Würfel Frischhefe
100 g Zucker
350 ml Milch
75 g Margarine
1 TL Salz
1 Ei

Für den Plunderteig:
400 g Margarine
(z. B. von Sanella)
75 g Weizenmehl

Für die Füllung:
150 g Zucker
1 EL Zimt
1 verquirltes Eigelb

Zum Bestäuben:
1 EL Puderzucker

Zubereitung:

1. Das Mehl in eine Schüssel sieben und in die Mitte eine Vertiefung drücken. Die Hefe hineinbröckeln und mit etwas Zucker und etwas lauwarmer Milch zu einem Vorteig verrühren. Abgedeckt an einem warmen Ort ca. 20 Minuten gehen lassen.

2. Die restlichen Zutaten dazugeben, alles zu einem geschmeidigen Teig verkneten und abgedeckt ca. 30 Minuten gehen lassen. Danach für ca. 3 Stunden in den Kühlschrank stellen.

3. Für den Plunderteig die zimmerwarme Margarine und das Mehl mit den Knethaken des Handrührgerätes verkneten. Zu einem Rechteck von etwa 15 x 20 cm ausrollen und für ca. 30 Minuten kalt stellen.

4. Den Hefeteig auf einer bemehlten Arbeitsfläche zu einer Größe von ca. 30 x 40 cm gleichmäßig ausrollen. Den ausgerollten Plunderteig in die Mitte des Hefeteigs legen, die Teigränder mit etwas Wasser bestreichen und erst die linke Seite und dann die rechte Seite über den Plunderteig legen, sodass erst Hefeteig, dann Plunderteig und danach 2 Teiglagen übereinander liegen.

5. Den Teig auf einer bemehlten Arbeitsfläche in alle Richtungen gleichmäßig zu einer Größe von ca. 45 x 75 cm ausrollen, abwechselnd von vorn nach hinten und von links nach rechts.

6. Das linke Drittel der schmalen Teigseite über das mittlere Drittel klappen, das rechte Drittel darüberschlagen, sodass 3 Schichten übereinander liegen. Den Teig danach ca. 15 Minuten kalt stellen. Diesen Arbeitsgang noch 2-mal wiederholen. Den Teig nach jedem Arbeitsgang erneut ca. 15 Minuten kalt stellen. Den Teig anschließend zu einer Platte von ca. 50 x 35 cm Größe ausrollen.

7. Den Backofen auf 200 °C (Umluft 180 °C) vorheizen. Für die Füllung den Zimt und den Zucker miteinander vermischen. Den Teig mit ca. 2 EL Wasser bepinseln und mit der Zimt-Zuckermischung bestreuen. Dabei an den langen Seiten einen ca. 2 cm breiten Rand freilassen.

8. Den Rand mit verquirltem Eigelb bestreichen. Die Teigplatte halbieren und von der langen Seite her aufrollen, beginnend mit der Zimt Zuckerseite hin zu der mit Eigelb bestrichenen Seite. Die Rolle in ca. 5 cm breite Stücke schneiden, in ausreichenden Abständen auf ein gefettetes Backblech legen. Jedes Teigstück in der Mitte mit einem dicken bemehlten Stiel eindrücken und weitere 20 Minuten gehen lassen.

9. Die Teigstücke im Backofen ca. 25 Minuten backen, danach die Franzbrötchen noch ca. 10 Minuten im abgeschalteten Backofen auf dem Backblech ohne Hitze bei geöffneter Backofentür ruhen lassen. Mit Puderzucker bestreut servieren.

Zutaten *für 8 Stück:*

Für den Teig:
400 g Weizenmehl Type 550
(z. B. von Goldpuder)
1 Würfel Frischhefe
6 EL Zucker
200 ml Milch
1 Prise Salz
100 g weiche Butter
1 Ei

Für die Füllung:
4 Äpfel
100 ml Apfelsaft
5 Tropfen Bittermandel-Aroma
5 EL Zucker
1 EL Speisestärke
250 g Mascarpone
200 g süße Sahne
1 Päckchen Sahnesteif
100 g Amarettini-Kekse

Zubereitung:

1. Das Mehl in eine Schüssel sieben und in die Mitte eine Vertiefung drücken. Die Hefe hineinbröckeln und mit etwas Zucker und etwas lauwarmer Milch zu einem Vorteig verrühren. Abgedeckt an einem warmen Ort ca. 20 Minuten gehen lassen.

2. Die restlichen Zutaten dazugeben, alles zu einem geschmeidigen Teig verkneten und abgedeckt ca. 30 Minuten gehen lassen.

3. Für die Füllung die Äpfel schälen, entkernen und fein würfeln. Mit dem Apfelsaft, dem Bittermandel-Aroma und 3 EL Zucker andünsten und ca. 5 Minuten garen. Die Stärke mit etwas Wasser anrühren, das Apfelkompott damit binden und abkühlen lassen. Den Backofen auf 200 °C (Umluft 180 °C) vorheizen.

4. Den Teig in 8 Stücke teilen, jeweils zu ovalen Schiffchen mit einem Rand formen und auf einem mit Backpapier ausgelegten Backblech verteilen. Die Schiffchen mit Apfelkompott bestreichen. Im Backofen ca. 15 Minuten backen und abkühlen lassen.

5. Den Mascarpone mit dem restlichen Zucker glatt rühren. Die Sahne mit dem Sahnesteif steif schlagen und untermischen. Die Amarettini zerbröseln und bis auf 2 EL unter die Creme mischen. Die Mascarpone-Creme auf den Schiffchen verteilen, mit den restlichen Amarettini-Bröseln und nach Wunsch mit gedünsteten Apfelspalten und Minze garniert servieren.

Fruchtige Apfelschiffchen

Rosenkuchen
„Haselnuss“

Zutaten *für 4 Personen:*

Für den Teig:
250 g Weizenmehl Type 550
15 g Frischhefe
30 g Zucker
125–150 ml Milch
30 g weiche Butter
1 Prise Salz
1 Eigelb

Für die Füllung:
1 Packung Haselnussfüllung
(z. B. von Goldpuder)
7 EL Milch

Zum Bestreichen:
1 Eigelb

Zubereitung:

1. Das Mehl in eine Schüssel sieben und in die Mitte eine Vertiefung drücken. Die Hefe hineinbröckeln und mit etwas Zucker und etwas lauwarmer Milch zu einem Vorteig verrühren. Abgedeckt an einem warmen Ort ca. 20 Minuten gehen lassen.

2. Die restlichen Zutaten dazugeben, alles zu einem geschmeidigen Teig verkneten und abgedeckt ca. 30 Minuten gehen lassen.

3. Die Haselnussfüllung mit Milch nach Packungsanweisung zubereiten. Den Teig zu einem Rechteck von ca. 20 x 60 cm ausrollen und mit der Füllung bestreichen. Von der langen Seite her aufrollen und in ca. 3 cm breite Streifen schneiden. Eine Springform einfetten. Die Streifen mit der Schnittfläche nach oben hineinsetzen und weitere 15 Minuten gehen lassen.

4. Den Backofen auf 180 °C (Umluft 160 °C) vorheizen und den Kuchen 30–35 Minuten goldbraun backen. Das Eigelb mit etwas Wasser verquirlen und die Teigrosetten ca. 10 Minuten vor Ende der Backzeit damit bestreichen. Nach Wunsch mit steif geschlagener Sahne servieren.

Die Füllung des Rosenkuchens können Sie auch z.B. durch Rosinen, Äpfel und Zimt ergänzen. Oder Sie bestreichen ihn mit einem Zuckerguss: Dafür den Puderzucker mit so viel Wasser oder Zitronensaft verrühren, bis eine glatte, dickflüssige Masse entsteht.

Plunder
mit Pekannuss-Füllung

Zutaten *für 12 Stück:*

30 g Pekannüsse
200 g Ahornsirup
500 g Weizenmehl
1 Würfel Frischhefe
½ TL Zucker
250 ml Milch
200 g Margarine *(z. B. von Sanella)*
½ TL Salz
1 Eigelb

Zum Bestäuben:
50 g Puderzucker

Zubereitung:

1. Die Pekannüsse hacken und zusammen mit dem Ahornsirup in einem Topf erhitzen. Unter ständigem Rühren ca. 10 Minuten einkochen lassen, bis eine zähe Masse entsteht. Dann auf ein Backpapier streichen und auskühlen lassen.

2. 450 g Mehl in eine Schüssel sieben und in die Mitte eine Vertiefung drücken. Die Hefe hineinbröckeln und mit etwas Zucker und etwas lauwarmer Milch zu einem Vorteig verrühren. Abgedeckt an einem warmen Ort ca. 20 Minuten gehen lassen.

3. 50 g Margarine schmelzen und mit dem Salz und dem Eigelb zum Vorteig geben. Alles mit den Knethaken des Handrührgerätes zu einem geschmeidigen Teig verkneten. An einem warmen Ort ca. 30 Minuten gehen lassen.

4. Die restliche Margarine und das restliche Mehl verrühren. Den Teig auf ca. 30 x 30 cm ausrollen und die Margarine-Mehl-Masse in der Mitte verstreichen. 2 Seiten über die Margarine-Mehl-Schicht klappen, die Ränder gut andrücken und erneut ausrollen (ca. 30 x 30 cm). Diesen Vorgang noch 2-mal wiederholen. Den Teig ca. 15 Minuten im Kühlschrank gehen lassen. Den Backofen auf 220 °C (Umluft 200 °C) vorheizen.

5. Die abgekühlte Nuss-Honig-Masse in grobe Stücke hacken. Den Hefeteig in 12 Rechtecke schneiden. Auf eine Hälfte eines Rechtecks 1 Esslöffel der Nuss-Honig-Masse geben und die andere Hälfte mit etwas Milch bestreichen. Zusammenklappen und die Ränder festdrücken. Die Taschen mit einem Messer 5-mal parallel einschneiden.

6. Ein Backblech einfetten oder mit Backpapier auslegen. Die Taschen darauflegen und im Backofen ca. 18 Minuten backen. Noch warm mit Puderzucker bestäuben.

Die Pekannuss stammt aus Nordamerika und ist mit der Walnuss verwandt. Sie hat zwar einen sehr hohen Kaloriengehalt, aber gleichzeitig verfügt sie über viele wertvolle Inhaltsstoffe. Aufgrund ihres hohen Nährstoffgehalts war sie früher ein wichtiges Nahrungsmittel der Indianer.

Fruchtige
Himbeer-Buchteln

Zubereitung:

1. Das Mehl in eine Schüssel sieben und in die Mitte eine Vertiefung drücken. Die Hefe hineinbröckeln und mit etwas Zucker und etwas lauwarmer Milch zu einem Vorteig verrühren. Abgedeckt an einem warmen Ort ca. 20 Minuten gehen lassen.

2. Die restlichen Zutaten dazugeben, alles zu einem geschmeidigen Teig verkneten und abgedeckt ca. 30 Minuten gehen lassen.

3. Die Himbeeren waschen, verlesen und vorsichtig mit dem leicht erwärmten Himbeergelee vermischen.

4. Den Teig in ca. 20 Stücke teilen, diese mit bemehlten Händen zu Kugeln formen und etwas auseinanderziehen. Die Teigkugeln jeweils mit einem Teil der Himbeeren füllen und zusammendrehen.

5. Die Buchteln in eine runde gefettete Form als Blume einlegen und ca. 20 Minuten gehen lassen. Den Backofen auf 200 °C (Umluft 180 °C) vorheizen und die Buchteln 25–30 Minuten goldbraun backen.

6. Für den Vanilleschaum das Mark der Vanilleschote herauskratzen. Das Vanillemark mit der Milch, den Eigelben und dem Zucker im heißen Wasserbad schaumig aufschlagen. Die Buchteln mit Puderzucker bestäuben und mit dem Vanilleschaum servieren.

Zutaten *für 4 Personen:*

Für die Buchteln:
500 g Weizenmehl Type 550
(z. B. von Goldpuder)
1 Würfel Frischhefe
50 g Zucker
250 ml Milch
1 Prise Salz
125 g weiche Butter
2 Eier

Für die Füllung:
200 g frische Himbeeren
50 g Himbeergelee

Für den Vanilleschaum:
1 Vanilleschote
200 ml Milch
4 Eigelb
50 g Zucker

Zum Bestäuben:
40 g Puderzucker

Erdbeer-Buchteln
mit Vanillesoße

Zutaten *für 4 Personen:*

Für die Buchteln:
375 g Weizenmehl
½ Würfel Frischhefe
3 EL Zucker
175 ml lauwarme Milch
1 Ei
30 g Margarine *(z. B. von Rama)*

Für die Füllung:
250 g Erdbeeren

Zum Bestäuben:
1 EL Puderzucker

Für die Vanillesoße:
80 g Zucker
1 Ei
1 Eigelb
1 Vanilleschote
300 ml Milch
150 g süße Sahne

Zubereitung:

1. Das Mehl in eine Schüssel sieben und in die Mitte eine Vertiefung drücken. Die Hefe hineinbröckeln und mit etwas Zucker und etwas lauwarmer Milch zu einem Vorteig verrühren. Abgedeckt an einem warmen Ort ca. 20 Minuten gehen lassen.

2. Die restlichen Zutaten dazugeben, alles zu einem geschmeidigen Teig verkneten und abgedeckt ca. 30 Minuten gehen lassen.

3. Die Erdbeeren waschen und putzen. Den Teig nochmals durchkneten, zu einer Rolle formen und in 12 Stücke teilen. Aus jedem Teigstück einen Fladen formen, mit einer Erdbeere belegen und zu einer Kugel formen. In eine gefettete Form setzen und nochmals ca. 20 Minuten gehen lassen.

4. Den Backofen auf 200 °C (Umluft 180 °C) vorheizen und die Buchteln ca. 20 Minuten goldbraun backen. Die Buchteln voneinander lösen und mit Puderzucker bestäuben.

5. Für die Vanillesoße den Zucker, das Ei und das Eigelb in einer Schüssel verrühren. Das Mark der Vanilleschote herauskratzen, mit der Milch und der Sahne aufkochen und vom Herd nehmen. Die Eiermischung in die Milch einrühren, sodass die Soße andickt. Die Buchteln mit der Vanillesoße anrichten.

Buchteln ...

... sind eine typische böhmische Spezialität. Sie ähneln Dampfnudeln, werden aber im Gegensatz zu diesen nicht gedämpft, sondern im Ofen gebacken. Buchteln lassen sich unterschiedlich füllen, z.B. mit Zwetschgen, Pflaumenmus, Aprikosen oder Mohn.

Apfelkrapfen

Zutaten *für 4 Personen:*

500 g Weizenmehl
100 Zucker
1 Würfel Frischhefe
125 ml lauwarme Milch
75 g Margarine *(z. B. von Sanella)*
2 Eier
300 g säuerliche Äpfel
50 g Sultaninen
50 g Korinthen
75 g Orangeat

Außerdem:
1 l Öl zum Ausbacken
ca. 200 g Zucker zum Bestreuen
Zimt

Zubereitung:

1. Das Mehl und den Zucker in eine Schüssel geben und in die Mitte eine Vertiefung drücken. Die Hefe hineinbröckeln und mit etwas lauwarmer Milch einen Vorteig anrühren. Abgedeckt ca. 15 Minuten an einem warmen Ort gehen lassen.

2. Die Margarine in der restlichen Milch schmelzen, die verquirlten Eier zufügen und zum Vorteig geben. Alles zu einem geschmeidigen Teig verkneten. Zugedeckt ca. 30 Minuten an einem warmen Ort gehen lassen.

3. Die Äpfel schälen, das Kerngehäuse herausschneiden und fein würfeln. Mit den Sultaninen, den Korinthen und dem Orangeat unter den Teig kneten. Nochmals ca. 15 Minuten gehen lassen.

4. Das Öl erhitzen. Mithilfe von 2 Esslöffeln kleine Krapfen abstechen und im 170 °C heißen Fett ca. 4 Minuten goldbraun ausbacken. Aus dem Fett nehmen, abtropfen lassen und in Zucker (bzw. Zucker-Zimt-Gemisch) wälzen.

Quarkkrapfen

Zutaten *für 4 Personen:*

125 g Weizenmehl
½ Würfel Frischhefe
2 EL Zucker
5 EL Milch
25 g Margarine *(z. B. von Sanella)*
125 g Magerquark
2 EL Rosinen
1 l Pflanzenöl
etwas Zucker zum Wälzen

Zubereitung:

1. Das Mehl in eine Schüssel sieben und in die Mitte eine Vertiefung drücken. Die Hefe hineinbröckeln und mit etwas Zucker und etwas lauwarmer Milch zu einem Vorteig verrühren. Abgedeckt an einem warmen Ort ca. 20 Minuten gehen lassen.

2. Die restlichen Zutaten dazugeben, alles zu einem geschmeidigen Teig verkneten und abgedeckt ca. 30 Minuten gehen lassen.

3. Den Teig nochmals durchkneten, mithilfe von 2 Esslöffeln Krapfen abstechen und diese portionsweise ca. 3 Minuten im 170 °C heißen Öl goldgelb ausbacken. Auf Küchenpapier abtropfen lassen und in Zucker wälzen.

Berliner
mit Himbeermarmelade

Zutaten *für ca. 12 Stück:*

Für den Teig:
300 g Weizenmehl
½ Würfel Frischhefe
35 g Zucker
75 ml Milch
30 g weiche Butter
1 Prise Salz
2 Eier

Außerdem:
100 g Himbeermarmelade
1 l Pflanzenöl zum Frittieren

Zubereitung:

1. Das Mehl in eine Schüssel sieben und eine Vertiefung hineindrücken. Die Hefe hineinbröckeln und mit etwas Zucker und etwas lauwarmer Milch zu einem Vorteig verrühren. Abgedeckt an einem warmen Ort ca. 20 Minuten gehen lassen.

2. Die restlichen Zutaten dazugeben und alles zu einem glatten Teig verarbeiten. Abgedeckt ca. 30 Minuten an einem warmen Ort gehen lassen.

3. Aus dem Teig ca. 12 Kugeln formen und fingerdick ausrollen. Jeweils in die Mitte 1 TL Pflaumenmus geben und die Kugeln wieder verschließen. Die gefüllten Teigkugeln abgedeckt nochmals ca. 20 Minuten gehen lassen.

4. Das Öl in einem großen Topf erhitzen und die Teigkugeln darin 2–3 Minuten ausbacken. Dabei einmal wenden. Mit einer Schaumkelle herausnehmen und auf Küchenkrepp abtropfen lassen. Die Berliner anschließend mit Puderzucker bestäuben.

Der Berliner …

… wurde angeblich Mitte des 18. Jahrhunderts von einem Berliner Bäcker erfunden. In anderen Regionen nennt man die leckeren frittierten Kugeln auch Pfannkuchen, Krapfen oder Kräppel. Gegessen werden sie vor allem zur Faschingszeit.

Herbstlicher Gugelhupf

Zutaten *für ca. 16 Stücke:*

Für den Gugelhupf:
250 g getrocknete Früchte (Pflaumen, Aprikosen, Feigen, Sultaninen)
75 ml Amaretto oder Apfelsaft
500 g Weizenmehl
1 Würfel Frischhefe
80 g Zucker
125 ml Milch
5 Eier
1 Päckchen Vanillearoma
1 Prise Salz
200 g Margarine *(z. B. von Sanella)*

Für den Gewürzsirup:
250 ml Apfelsaft
100 g Zucker
½ TL gemahlener Ingwer
1 TL gemahlener Zimt
1 TL Lebkuchengewürz
1 Päckchen geriebene Orangenschale

Für die Vanillesoße:
80 g Zucker
1 Ei
1 Eigelb
1 Vanilleschote
300 ml Milch
150 g süße Sahne

Zubereitung:

1. Die getrockneten Früchte in ca. 0,5 cm große Würfel schneiden und über Nacht in Amaretto einlegen.

2. Das Mehl in eine Schüssel sieben und in die Mitte eine Vertiefung drücken. Die Hefe hineinbröckeln und mit etwas Zucker und etwas lauwarmer Milch zu einem Vorteig verrühren. Abgedeckt an einem warmen Ort ca. 20 Minuten gehen lassen.

3. Die restlichen Zutaten dazugeben, alles zu einem geschmeidigen Teig verkneten und abgedeckt ca. 30 Minuten gehen lassen.

4. Den Backofen auf 170 °C (Umluft 150 °C) vorheizen. Die eingelegten Früchte abgießen, etwas ausdrücken und unter den Teig kneten. Den Teig in eine gefettete Gugelhupfform füllen und weitere 30 Minuten gehen lassen. Im Backofen auf der 2. Schiebeleiste von unten ca. 45 Minuten backen.

5. Für den Gewürzsirup den Apfelsaft, den Zucker, die Gewürze und die Orangenschale aufkochen. Offen bei mittlerer Hitze ca. 10 Minuten einkochen.

6. Den Kuchen auf einen großen Teller stürzen, mit einem langen Holzstäbchen mehrmals einstechen und noch heiß mit dem Gewürzsirup tränken. Diesen Vorgang wiederholen, bis die ganze Flüssigkeit aufgesogen ist.

7. Für die Vanillesoße den Zucker, das Ei und das Eigelb in einer Schüssel verrühren. Das Mark der Vanilleschote herauskratzen, mit der Milch und der Sahne aufkochen und vom Herd nehmen. Die Eiermischung in die Milch einrühren, sodass die Soße andickt. Den Gugelhupf mit der Vanillesoße servieren.

Gugelhupf mit bunter Füllung

Zutaten *für 4 Personen:*

Für den Teig:
500 g Weizenmehl Type 550 *(z. B. von Goldpuder)*
30 g frische Hefe
100 g Zucker
250 ml Milch
100 g weiche Butter
2 Eigelbe
1 Prise Salz
1 Päckchen geriebene Zitronenschale

Für die Mohnfüllung:
100 g gemahlener Mohn
20 g Zucker
2 EL Zwiebackbrösel
1 Prise Zimt
1 EL Rum
125 ml heiße Milch

Für die Quarkfüllung:
125 g Magerquark
20 g Zucker
1 Eigelb
2 EL Rosinen
2 EL Zitronensaft

Für die Nussfüllung:
100 g gemahlene Haselnüsse
20 g Zucker
2 EL Zwiebackbrösel
1 Prise Zimt
1 EL Rum
125 ml heiße Milch

Für die Pflaumenfüllung:
150 g Pflaumenmus
1 Prise Zimt
1 EL Rum

Für die Aprikosenfüllung:
150 g getrocknete Aprikosen
100 g gehackte Vollmilchschokolade

Außerdem:
Fett für die Form
Puderzucker zum Bestäuben

Zubereitung:

1. Den Backofen auf 50 °C vorheizen.

2. Das Mehl in eine Schüssel sieben und in die Mitte eine Vertiefung drücken. Die Hefe hineinbröckeln und mit etwas Zucker und etwas Milch zu einem Vorteig verrühren. Abgedeckt an einem warmen Ort ca. 20 Minuten gehen lassen.

3. Die übrigen Zutaten für den Teig unterkneten und weitere 30–40 Minuten gehen lassen.

4. Die Zutaten für die Mohn-, Quark-, Nuss-, Pflaumen- und Aprikosenfüllung jeweils miteinander vermischen und abgedeckt kurze Zeit durchziehen lassen.

5. Den Hefeteig in 30 Stücke teilen und dünn ausrollen. Jeweils 6 Stücke mit der gleichen Masse füllen, päckchenförmig zusammenfalten und abwechselnd in eine gefettete Gugelhupfform setzen.

6. Bei 50 °C im Backofen gehen lassen, bis der Teig ca. 2 cm unter dem Formrand steht. Den Backofen auf 200 °C (Umluft 180 °C) aufheizen und den Gugelhupf ca. 50 Minuten goldbraun backen.

7. Den Gugelhupf stürzen und noch heiß mit Puderzucker bestäuben.

In Scheiben ...

... geschnitten und mit frischer Butter bestrichen schmeckt der Hefezopf ganz besonders lecker!

Zutaten *für 4 Personen:*

Für den Teig:
500 g Weizenmehl
30 g Hefe
50 g Zucker
200 ml Milch
1 Ei
½ TL Salz
50 g weiche Butter
50 g Rosinen

Zum Bestreichen:
1 Eigelb
100 g Puderzucker
gehobelte Mandeln

Hefezopf mit Rosinen

Zubereitung:

1. Das Mehl in eine Schüssel sieben und in die Mitte eine Vertiefung drücken. Die Hefe hineinbröckeln und mit etwas Zucker und etwas lauwarmer Milch zu einem Vorteig verrühren. Abgedeckt an einem warmen Ort ca. 20 Minuten gehen lassen.

2. Den restlichen Zucker, das Ei, das Salz, die Butter sowie die restliche lauwarme Milch dazugeben. Alles zu einem geschmeidigen Teig verkneten und abgedeckt ca. 30 Minuten gehen lassen.

3. Die Rosinen zugeben und einarbeiten. Anschließend den Teig in drei gleich große Stücke teilen. Jedes der drei Teile zu einem Strang formen. Einige Minuten ruhen lassen und dann die drei Stränge zu der gewünschten Länge ausrollen. An einem Ende zusammendrücken und einen Zopf flechten.

4. Den Zopf auf ein gefettetes Backblech legen und weitere 20 Minuten gehen lassen. Den Backofen auf 180 °C (Umluft 160 °C) vorheizen. Den Zopf mit Eigelb bestreichen und auf der mittleren Schiebeleiste 35–40 Minuten backen.

5. Den Puderzucker mit etwas Wasser dickflüssig anrühren und den Guss quer über den Hefezopf laufen lassen. Mit den gehobelten Mandeln bestreuen und servieren.

Den Hefezopf können Sie nach Belieben auch mit Schokolade oder Gewürzen verfeinern. Sehr gut passt auch eine Füllung mit Nüssen oder Mandeln oder auch mit Mohn.

Hefezopf mit Pflaumen-Marzipan-Füllung

Zutaten *für 4 Personen:*

Für den Teig:
1 Würfel Hefe
75 g Zucker
175 ml Milch
375 g Dinkelvollkornmehl
1 Prise Salz
80 g Margarine *(z. B. von Rama)*

Für die Füllung:
150 g Pflaumenmus
150 g Marzipan
evtl. 6 EL gehackte Haselnüsse
1 Eigelb

Zubereitung:

1. Die zerbröckelte Hefe und 1 Prise Zucker in der Milch auflösen. Zugedeckt an einem warmen Ort ca. 10 Minuten gehen lassen.

2. Das Mehl, den restlichen Zucker, das Salz und die Margarine in eine Schüssel geben und die Hefemilch dazugeben. Mit den Knethaken des Handrührers zu einem glatten Teig verkneten und an einem warmen Ort ca. 45 Minuten gehen lassen.

3. Das Marzipan fein würfeln. Den Teig ausrollen und in drei 10 cm breite Streifen schneiden. Das Pflaumenmus in die Mitte der Streifen streichen, das Marzipan und eventuell die Haselnüsse gleichmäßig auf dem Pflaumenmus verteilen.

4. Die Streifen von der breiten Seite her aufrollen und aus den Rollen einen Zopf flechten. Mit Eigelb bestreichen und noch einmal ca. 20 Minuten gehen lassen. Den Backofen auf 180 °C (Umluft 160 °C) vorheizen.

5. Im vorgeheizten Backofen ca. 30 Minuten backen.

Mohnstreusel mit Zuckerguss

Zutaten *für 4 Personen:*

Für den Teig:
325 g Weizenmehl
½ Würfel Frischhefe
30 g Zucker
150 ml Milch
1 Eigelb
50 g weiche Butter
½ TL Salz

Für die Mohnfüllung:
100 g Blaumohn *(z. B. von Müller's Mühle)*
100 g Zwieback
100 g Zucker
100 g Marzipan

Für die Streusel:
90 g Zucker
½ Päckchen Vanillezucker
1 Prise Salz
90 g weiche Butter
¼ Fläschchen Rum-Aroma
¼ Päckchen Backpulver
150 g Weizenmehl

Für den Zuckerguss:
200 g Puderzucker

Zubereitung:

1. Das Mehl in eine Schüssel sieben und in die Mitte eine Vertiefung drücken. Die Hefe hineinbröckeln und mit etwas Zucker und etwas lauwarmer Milch zu einem Vorteig verrühren. Abgedeckt an einem warmen Ort ca. 20 Minuten gehen lassen.

2. Die restlichen Zutaten dazugeben, alles zu einem geschmeidigen Teig verkneten und abgedeckt ca. 30 Minuten gehen lassen.

3. Inzwischen für die Mohnfüllung 300 ml Wasser aufkochen. Den Mohn mahlen und den Zwieback zerbröseln. Alles zusammen mit dem Zucker und dem Marzipan in das heiße Wasser geben, zu einer glatten Masse verarbeiten und abkühlen lassen.

4. Den Teig auf einer bemehlten Arbeitsfläche auf 45 x 45 cm ausrollen. Die Mohnfüllung gleichmäßig darauf verteilen und den Teig zweimal einschlagen. Den Mohnkuchen auf ein Backblech setzen. Den Backofen auf 200 °C (Umluft 180 °C) vorheizen.

5. Für die Streusel den Zucker, den Vanillezucker, das Salz, die Butter und das Rum-Aroma cremig rühren, das mit Backpulver vermischte Mehl unterkneten und zu Streuseln verarbeiten. Die Streusel auf dem Kuchen verteilen und den Kuchen im heißen Ofen 35–40 Minuten backen.

6. Für den Zuckerguss den Puderzucker mit 2–3 EL warmem Wasser anrühren und auf den abgekühlten Kuchen streichen.

In Mohnsamen werden immer wieder erhöhte Rückstände von Morphin gefunden, die auf mangelnde Sorgfalt bei der Ernte zurückzuführen sind. Bei der Zubereitung von Kuchen und Speisen, die für Babys und Kinder bestimmt sind, sollte daher auf die Verarbeitung von Mohn besser verzichtet werden.

Christstollen
mit Rosinen und Marzipan

Zutaten *für 2 Stollen:*

Für den Teig:
300 g Rosinen
100 g Zitronat
50 g Orangeat
100 ml Rum
800 g Weizenmehl
2 Päckchen Trockenhefe
150 g Zucker
2 Prisen Salz
250 g weiche Butter
250 ml Milch
100 g gehackte Mandeln
200 g Marzipan-Rohmasse

Zum Bestreichen und Bestreuen:
250 g geschmolzene Butter
Zucker
Puderzucker

Zubereitung:

1. Die Rosinen, das Zitronat und das Orangeat in eine Schüssel geben, den Rum darübergießen und über Nacht durchziehen lassen.

2. Das Mehl, die Hefe, den Zucker, das Salz, die weiche Butter und die leicht erwärmte Milch in eine Schüssel geben. Alles zu einem geschmeidigen Teig verarbeiten. Den Teig an einem warmen Ort 30 Minuten gehen lassen.

3. Die Mandeln sowie die in Rum eingelegten Trockenfrüchte zugeben und vorsichtig in den Teig einarbeiten.

4. Den Teig nochmals 30 Minuten gehen lassen. Währenddessen den Backofen auf 220 °C (Umluft 200 °C) vorheizen.

5. Inzwischen den Teig halbieren, die Teighälften leicht anketen und oval ausrollen. Das Marzipan zur Rolle formen und auf den Teig legen. Zur Mitte hin einschlagen und zu 2 Stollen formen. Die Stollen auf ein mit Backpapier belegtes Blech setzen und in den vorgeheizten Ofen schieben.

6. Die Backofentemperatur sofort auf 190 °C (Umluft 170 °C) reduzieren. Die Stollen ca. 50 Minuten backen. Nach dem Backen sofort mit geschmolzener Butter bestreichen und mit reichlich Zucker bestreuen. Erst nach dem Erkalten mit Puderzucker bestäuben.

Sie können die Zutaten an Ihren individuellen Geschmack anpassen, indem Sie z.B. einen Teil der Rosinen durch Korinthen ersetzen, die Mandeln durch Nüsse oder Zitronat und Orangeat durch andere Trockenfrüchte.

Christstollen mit Rosinen und Marzipan

Panettone …

… ist für die Italiener das, was für uns zur Weihnachtszeit der Christstollen ist! Auch was die Haltbarkeit betrifft, kann er mit unserem Stollen mithalten: Er schmeckt in der Regel auch noch nach Weihnachten ganz hervorragend!

Panettone
mit Schokolade

Zutaten *für 4 Personen:*

500 g Weizenmehl
1 Würfel Frischhefe
75 g Zucker
150 ml Milch
1 unbehandelte Orange
1 Ei
4 Eigelb
150 g Margarine *(z. B. von Rama)*
¼ TL Salz
Vanillearoma
150 g Schokoladentropfen
50 g gehackte Haselnüsse

Zubereitung:

1. Das Mehl in eine Schüssel sieben und in die Mitte eine Vertiefung drücken. Die Hefe hineinbröckeln und mit etwas Zucker und etwas lauwarmer Milch zu einem Vorteig verrühren. Abgedeckt an einem warmen Ort ca. 20 Minuten gehen lassen.

2. Die Orange heiß abwaschen, trocknen und die Schale abreiben. Mit der lauwarmen Milch, dem restlichen Mehl und Zucker, dem Ei und Eigelb sowie der Margarine, dem Salz und dem Vanillearoma zum Vorteig geben.

3. Alles mit den Knethaken des Handrührgerätes verkneten. Den Teig auf eine gut bemehlte Arbeitsfläche geben und so lange kneten, bis er weich und elastisch ist. Zugedeckt weitere 45 Minuten gehen lassen.

4. Eine Springform (16 cm Durchmesser) einfetten. Den Rand mit einer doppelten Lage Butterbrotpapier auslegen, sodass es 10 cm über den Rand steht.

5. Den Teig nochmals durchkneten, dabei die Schokoladentropfen und die Haselnüsse einarbeiten. Zu einer Kugel formen und in die vorbereitete Kuchenform geben. Zugedeckt weitere 15 Minuten gehen lassen. Den Backofen auf 180 °C (Umluft 160 °C) vorheizen und ca. 50 Minuten backen.

Zum Panettone schmeckt sehr gut eine Portion frisch geschlagene Sahne. Aromatisieren Sie sie nach Belieben mit etwas Vanillezucker oder mit einigen Tropfen Buttervanille.

Kleine Panettone-Zöpfe

Zutaten *für 4 Personen:*

600 g Weizenmehl Type 1050
1 Würfel Frischhefe
150 g Zucker
100 ml Milch
150 g Margarine *(z. B. von Sanella)*
3 Eier
1 TL Salz
2 TL abgeriebene Zitronenschale
50 g getrocknete Kirschen
50 g getrocknete Aprikosen
100 g getrocknete Cranberrys
100 g gehackte Mandeln

Zubereitung:

1. Das Mehl in eine Schüssel sieben und in die Mitte eine Vertiefung drücken. Die Hefe hineinbröckeln und mit etwas Zucker und etwas lauwarmer Milch zu einem Vorteig verrühren. Abgedeckt an einem warmen Ort ca. 20 Minuten gehen lassen.

2. Die Margarine in der restlichen lauwarmen Milch schmelzen. Die Eier, das Salz und die Zitronenschale mit dem Schneebesen unterrühren und zum Vorteig geben. Alles mit den Knethaken des Handrührgerätes zu einem glatten Teig verkneten. Zugedeckt an einem warmen Ort weitere 30 Minuten gehen lassen.

3. Die getrockneten Früchte in ca. 0,5 cm große Würfel schneiden. Die Früchte und die Mandeln zum Teig geben. Den Teig weitere 5 Minuten kneten und anschließend nochmals ca. 20 Minuten gehen lassen.

4. Den Teig auf einer bemehlten Arbeitsfläche noch einmal gut durchkneten und in 4 Stücke teilen. Aus jedem Teil 3 Stränge von ca. 30 cm Länge formen und diese zu einem Zopf flechten. Mit den restlichen 3 Teigteilen ebenso verfahren.

5. Den Backofen auf 180 °C (Umluft 160 °C) vorheizen. Die Zöpfe auf ein mit Backpapier belegtes Blech legen und mit Milch bestreichen. Im Backofen ca. 45 Minuten backen.

Traditionell …

… wird Panettone in einer speziellen Papiermanschette gebacken, wodurch er seine typische Form erhält. Die Zopfform ist eher ungewöhnlich, aber nicht weniger schmackhaft!

Schneemänner

Zutaten *für 4 Stück:*

Für den Teig:
200 g Weizenmehl Type 1050
400 g Weizenmehl Type 405
1 Würfel Frischhefe
100 g Zucker
200 ml Milch
100 g Margarine *(z. B. von Rama)*
2 Eier
1 Prise Salz
2 TL Lebkuchengewürz

Zum Dekorieren:
Rosinen
Haselnüsse
4 kleine Marzipanmöhren

Zubereitung:

1. Beide Mehlsorten mischen und in eine Schüssel sieben. In die Mitte eine Vertiefung drücken. Die Hefe hineinbröckeln und mit etwas Zucker und etwas lauwarmer Milch zu einem Vorteig verrühren. Abgedeckt an einem warmen Ort ca. 20 Minuten gehen lassen.

2. Die Margarine schmelzen und abkühlen lassen. Zusammen mit den restlichen Zutaten für den Teig zum Vorteig geben. Mit den Knethaken des Handrührgerätes zu einem glatten Teig verarbeiten. Zugedeckt an einem warmen Ort ca. 30 Minuten gehen lassen.

3. Den Teig auf einer bemehlten Arbeitsfläche nochmals mit den Händen durchkneten und in 4 gleich große Stücke teilen. Aus jedem Teigstück 2 große und 1 kleine Kugel formen. Die Kugeln etwas platt drücken und als Schneemann auf ein mit Backpapier ausgelegtes Backblech aneinandersetzen. Auf 1 Backblech jeweils 1 Schneemann legen. Den Backofen auf 200 °C (Umluft 180 °C) vorheizen.

4. Rosinen und Haselnüsse als Augen, Mund und Knöpfe tief in den Teig drücken. Die Schneemänner mit Wasser bepinseln und im Backofen ca. 25 Minuten backen. In der Zwischenzeit den nächsten Schneemann vorbereiten. Die fertigen Schneemänner mit einer Marzipanmöhre als Nase dekorieren.

Osterhäschen

Zutaten *für 8 Stück:*

Für den Teig:
400 g Weizenmehl
½ Würfel Frischhefe
½ TL Zucker
50 ml Milch
150 g Karamellsirup
(z. B. von Grafschafter)
50 g weiche Butter
1 Ei
1 Päckchen Vanillezucker

Zum Bestreuen:
100 g gehackte Mandeln

Zubereitung:

1. Das Mehl in eine Schüssel sieben und in die Mitte eine Vertiefung drücken. Die Hefe hineinbröckeln und mit dem Zucker und der lauwarmen Milch zu einem Vorteig verrühren. Abgedeckt an einem warmen Ort ca. 20 Minuten gehen lassen.

2. 50 g Sirup, die Butter, das Ei und den Vanillezucker dazugeben und zu einem geschmeidigen Teig verkneten. Den Teig abgedeckt an einem warmen Ort ca. 30 Minuten gehen lassen. Den Backofen auf 180 °C (Umluft 160 °C) vorheizen.

3. Den Teig nochmals durchkneten und in acht Portionen teilen. Den Teig dünn ausrollen, die Häschen ausschneiden oder ausstechen und auf ein mit Backpapier ausgelegtes Backblech legen. Weitere 15 Minuten gehen lassen und anschließend 15–20 Minuten goldbraun backen. Die Osterhasen auf einem Kuchengitter abkühlen lassen. Den restlichen Sirup erwärmen, die Häschen damit einstreichen und mit Mandeln bestreuen.

Hefezopf-Auflauf
mit Erdbeeren

Zutaten *für 6 Stück:*

Für den Teig:
200 g Hefezopf (vom Vortag)
50 g Mandelstifte
250 ml süße Sahne
100 g Magerquark
75 g Zucker
1 Päckchen Bourbon-Vanillezucker
3 Eier

Für die Erdbeeren:
500 g Erdbeeren
1 EL Ahornsirup
1 TL Zitronensaft

Außerdem:
Margarine zum Einfetten *(z. B. von Rama)*

Zubereitung:

1. 6 Tassen von ca. 175 ml Inhalt mit Margarine einfetten. Jede Tasse mit jeweils einem Stück Backpapier auskleiden, das ca. 3–4 cm über den Tassenrand hinausragt. Den Hefezopf in 1 cm große Würfel schneiden. Mit der Hälfte der Mandelstifte mischen und in die Tassen füllen.

2. Die süße Sahne, den Quark, den Zucker, den Vanillezucker und die Eier sorgfältig verrühren. Gleichmäßig auf die Tassen verteilen. Dabei immer etwas von der flüssigen Mischung in die Tassen gießen und einziehen lassen. Erst dann weitere Flüssigkeit in die Tassen geben.

3. Den Backofen auf 175 °C (Umluft nicht empfehlenswert) vorheizen. Ein Blech mit heißem Wasser füllen und die Tassen daraufstellen. Im Backofen auf der mittleren Schiebeleiste 45 Minuten backen.

4. Inzwischen die Erdbeeren waschen, putzen und gut abgetropft vierteln. Die restlichen Mandelstifte grob hacken. Die Erdbeeren und die Mandeln mit dem Ahornsirup und dem Zitronensaft mischen. Die Aufläufe aus dem Backofen nehmen, wenn gewünscht stürzen und mit den Erdbeeren servieren.

Die Granatapfelkerne lassen sich ganz einfach herauslösen: Füllen Sie eine Schüssel mit kaltem Wasser und schneiden Sie den Granatapfel an. Brechen Sie ihn unter Wasser weiter auf und lösen Sie die Kerne. Diese sinken auf den Boden der Schüssel und können dann einfach herausgenommen werden.

Kokos-Granatapfel-Minis

Zutaten *für 12 Stück:*

500 g Weizenmehl
50 g Zucker
½ Würfel Frischhefe
250 ml Kokosmilch
80 g Margarine *(z. B. von Sanella)*
1 Prise Salz
50 g Granatapfelgelee
1 Granatapfel
Kokos-Chips

Zubereitung:

1. Das Mehl und den Zucker in einer Schüssel mischen und in die Mitte eine Vertiefung drücken. Die Hefe hineinbröckeln, mit etwas lauwarmer Kokosmilch zu einem Vorteig verrühren und ca. 15 Minuten gehen lassen.

2. Margarine und Salz dazugeben und alles zu einem glatten Teig verarbeiten. An einem warmen Ort 30 Minuten gehen lassen.

3. Den Backofen auf 200 °C (Umluft 180 °C) vorheizen. Den Teig aus der Schüssel nehmen und nochmals gut durchkneten. Die Teigkugel in 12 gleich große Stücke aufteilen, in 12 eingefettete Espressotassen legen und ca. 20 Minuten backen.

4. Die Minis aus den Espressotassen herauslösen und abkühlen lassen. Das Granatapfelgelee leicht erwärmen und darübergeben. Die Kerne aus dem Granatapfel herauslösen und die Minis mit Kokos-Chips und Granatapfelkernen verzieren. Zum Servieren wieder in die Espressotassen setzen.

Pestokranz

Zutaten für 12 Stücke:

Für den Teig:
450 g Weizenmehl Type 550
(z. B. von Goldpuder)
1 Päckchen Trockenhefe
300 ml lauwarme Milch
3 EL Olivenöl
½ TL Salz

Für die Füllung:
7 EL Pesto
150 g Cocktailtomaten
80 g Salami in Scheiben
2 Mozzarella
1 Ei
Salz, Pfeffer

Zubereitung:

1. Das Mehl in eine Schüssel sieben und mit der Trockenhefe mischen. Die Milch, das Olivenöl und das Salz dazugeben und alles zu einem glatten Teig verarbeiten. Abgedeckt an einem warmen Ort ca. 45 Minuten gehen lassen.

2. Den Teig auf einer bemehlten Arbeitsfläche rechteckig (ca. 30 cm x 50 cm) ausrollen und mit Pesto bestreichen. Dabei einen ca. 1 cm breiten Rand frei lassen.

3. Die Cocktailtomaten waschen, trocknen und in kleine Würfel schneiden. Die Salami in dünne Streifen schneiden und den Mozzarella reiben. Alles auf dem Pesto verteilen, mit Salz und Pfeffer kräftig würzen. Den Backofen auf 200 °C (Umluft 180 °C) vorheizen.

4. Den Teig von der Längsseite her aufrollen. Dabei die Nähte fest zusammendrücken, die Enden jedoch nicht. Den Teig zu einem Kranz formen, auf ein mit Backpapier ausgelegtes Backblech legen und rundherum in ca. 5 cm Abstand tief ein-, aber nicht ganz durchschneiden. Die einzelnen 5 cm breiten Teigstücke etwas auseinanderziehen und flach auf die Seite drehen.

5. Den Pestokranz abgedeckt weitere ca. 30 Minuten gehen lassen. Das Ei verquirlen, den Pestokranz damit bestreichen und im Backofen 25–30 Minuten backen.

Mit Pesto wird meist Pesto Genovese bezeichnet. Es besteht aus Basilikum, Pinienkernen, Knoblauch, Olivenöl, geriebenem Parmesan oder Pecorino und Salz. Pesto rosso enthält nur wenig Basilikum und zusätzlich getrocknete Tomaten.

Frühlings-Flammkuchen

Zutaten *für 4 Stück:*

Für den Hefeteig:
300 g Dinkelmehl Type 630
(z. B. von Goldpuder)
1 Päckchen Trockenhefe
1 Prise Zucker
2 EL Speiseöl
1 TL Salz

Für den Belag:
300 g Crème fraîche
3 EL gehackte, gemischte Kräuter
2 Knoblauchzehen
4 große Tomaten
2 EL Olivenöl
2 Beete Kresse
Salz, Pfeffer

Zubereitung:

1. Für den Hefeteig das Mehl und die Trockenhefe vermischen. Alle Zutaten mit dem Salz und 200 ml lauwarmem Wasser zu einem glatten Teig verkneten und abgedeckt an einem warmen Ort ca. 30 Minuten gehen lassen.

2. Den Teig in 4 Stücke teilen, auf einer bemehlten Arbeitsfläche dünn zu Fladen ausrollen und auf ein mit Backpapier ausgelegtes Backblech legen.

3. Für den Belag die Crème fraîche mit den Kräutern verrühren. Den Knoblauch abziehen, zerdrücken, untermischen und die Creme mit Salz und Pfeffer kräftig würzen.

4. Den Backofen auf 200 °C (Umluft 180 °C) vorheizen. Die Creme auf dem Teig verteilen. Die Tomaten in dünne Scheiben schneiden, auf die Creme legen und mit Salz und Pfeffer würzen.

5. Die Flammkuchen im Backofen 15–20 Minuten backen. Nach dem Backen mit Olivenöl beträufeln. Die Kresse vom Beet schneiden und die Flammkuchen damit bestreuen.

Blauschimmelkäse …

… ist eine Delikatesse, die wesentlich besser schmeckt, als ihr Name klingt! Für die Reifung dieser Käse werden Edelschimmelpilze eingesetzt, die den Käse feinädrig durchziehen und für die interessante Optik sorgen.

Schwedischer Flammkuchen mit Birnen

Zutaten *für 4 Stück:*

Für den Teig:
400 g Weizenmehl
½ Würfel Frischhefe
1 TL Zucker
1 TL Salz

Für den Belag:
100 g cremiger Aufstrich *(z. B. von Brunch)*
2 EL Milch
Paprikapulver
Muskat
1 Zwiebel
1 Birne
100 g milder Blauschimmelkäse
Salz, Pfeffer

Zubereitung:

1. Das Mehl in eine Schüssel sieben und in die Mitte eine Vertiefung drücken. Die Hefe hineinbröckeln und mit dem Zucker und 50 ml lauwarmem Wasser zu einem Vorteig verrühren. 15 Minuten an einem warmen Ort gehen lassen.

2. Das Salz und weitere 200 ml lauwarmes Wasser dazugeben. Alles mit den Knethaken des Handrührgerätes zu einem geschmeidigen Teig verarbeiten. Abgedeckt ca. 30 Minuten an einem warmen Ort gehen lassen.

3. Nach dem Gehen den Teig noch einmal mit den Händen gut durchkneten. In 4 Teile teilen, oval ausrollen und auf ein mit Backpapier ausgelegtes Blech legen. Den Backofen auf 200 °C (Umluft 180 °C) vorheizen.

4. Für den Belag den cremigen Aufstrich mit der Milch und den Gewürzen verrühren, mit etwas Salz abschmecken. Die Zwiebel abziehen und in feine Ringe schneiden.

5. Die Birne waschen, vierteln, vom Kerngehäuse befreien und in feine Scheiben schneiden. Den Käse grob zerkleinern. Die Creme-Masse auf dem Teig verteilen, die Zwiebelringe, die Birnenscheiben und den Käse daraufgeben. Im Backofen ca. 25 Minuten backen.

Pikanter Speck-Butterkuchen

Zutaten *für 4 Personen:*

Für den Teig:
450 g Weizenmehl
1 Würfel Frischhefe
1 TL Zucker
200 ml Milch
4 EL Butter
1 Prise Salz

Für den Belag:
1 Bund Rosmarin
½ Bund Thymian
250 g Butter
250 g in Scheiben geschnittener Bauchspeck *(z. B. von Wein)*
350 g schwarze entsteinte Oliven
50 g grüne entsteinte Oliven
60 g Pinienkerne
Salz, Pfeffer

Zubereitung:

1. Das Mehl in eine Schüssel sieben und in die Mitte eine Vertiefung drücken. Die Hefe hineinbröckeln und mit dem Zucker und der lauwarmen Milch zu einem Vorteig verrühren. Abgedeckt an einem warmen Ort ca. 15 Minuten gehen lassen.

2. 50 ml lauwarmes Wasser, die weiche Butter und das Salz zufügen. Alles zu einem geschmeidigen Teig verkneten und weitere 30 Minuten gehen lassen.

3. Den Teig auf einer bemehlten Arbeitsfläche ausrollen und auf ein mit Backpapier ausgelegtes Blech legen. Den Teig weitere 15 Minuten ruhen lassen. Den Rosmarin und den Thymian waschen und trocken schütteln, Nadeln und Blättchen abzupfen und fein wiegen. Die Kräuter mit der weichen Butter, Salz und Pfeffer vermengen. Den Backofen auf 200 °C (Umluft 180 °C) vorheizen.

4. Mit einem Löffelstiel kleine Mulden in den ausgerollten Teig drücken und die gewürzte Butter in Flocken darauf verteilen. Die Bauchspeckscheiben und die Oliven halbieren und mit den Pinienkernen auf dem Teig verteilen. Im Backofen 30–35 Minuten backen, in Stücke schneiden und nach Wunsch warm oder kalt servieren.

Thymian …

… und Rosmarin sind mediterrane Kräuter, die sich bei uns zunehmender Beliebtheit erfreuen. Sie haben ein intensives Aroma und schmecken am besten frisch. Die Kombination mit Oliven ist typisch für die Küche des Südens.

Ananas-Kokos-Muffins

Zutaten *für ca. 12 Stück:*

Für den Teig:
250 g Mehl
50 g Kokosraspel
2 TL Backpulver
½ TL Natron
200 g kandierte Ananas
1 Ei
100 g Zucker
125 g weiche Margarine *(z. B. von Sanella)*
150 g Buttermilch

Zum Dekorieren:
75 g Puderzucker
Kokosraspel
12 Silberperlen

Außerdem:
Fett oder Papierförmchen für das Blech

Zubereitung:

1. Den Backofen auf 180 °C (Umluft 160 °C) vorheizen. Das gesiebte Mehl mit den Kokosraspeln, dem Backpulver und dem Natron gründlich mischen. Die kandierte Ananas klein schneiden und unterheben.

2. Das Ei, den Zucker, die Margarine und die Buttermilch gut verrühren. Die Mehlmischung dazugeben und nur so lange rühren, bis die trockenen Zutaten feucht sind.

3. Den Teig in die gefetteten oder mit Papierförmchen ausgelegten Mulden eines Muffinblechs füllen.

4. Die Muffins im heißen Ofen ca. 30 Minuten backen. Die Muffins anschließend ca. 10 Minuten ruhen lassen, herausnehmen und abkühlen lassen.

5. Den Puderzucker mit 2 EL Wasser zu einer glatten Glasur verrühren. Die Muffins damit bestreichen, mit Kokosraspeln bestreuen und mit je 1 Silberperle verzieren.

Statt Ananas …

… können Sie auch die gleiche Menge andere kandierte Früchte verwenden. Allerdings ist die Kombination von Ananas mit Kokos besonders wohlschmeckend!

Erdbeer-Ricotta-Muffins

Zutaten *für ca. 12 Stück:*

10 Amarettini
100 g Ricotta
150 g Erdbeeren
250 g Mehl
3 TL Backpulver
80 g zerlassene, abgekühlte Margarine *(z. B. von Rama)*
1 Ei
100 g Zucker
1 Päckchen Bourbon-Vanillezucker
150 g Joghurt mit Vanillegeschmack
150 g Naturjoghurt

Außerdem:
Fett für das Blech

Zubereitung:

1. Den Backofen auf 180 °C (Umluft 160 °C) vorheizen. Das Muffinblech einfetten und in den Gefrierschrank stellen.

2. Für die Füllung die Amarettini-Kekse in einen Gefrierbeutel geben und mit dem Nudelholz zerbröseln. Die Keksbrösel mit dem Ricotta verrühren. Frische Erdbeeren waschen, putzen und klein schneiden, tiefgekühlte Erdbeeren klein schneiden (nicht auftauen). Die Erdbeeren vorsichtig unter den Ricotta heben.

3. Das Mehl mit dem Backpulver mischen. Die Margarine, das Ei, den Zucker, den Vanillezucker und beide Joghurtsorten mit den Quirlen des Handrührgeräts verrühren.

4. Die Mehlmischung zur Ei-Joghurt-Mischung geben und nur so lange rühren, bis die trockenen Zutaten feucht sind.

5. Den Teig etwa halb hoch in die gefetteten Mulden der Muffinform füllen. Die Erdbeer-Ricotta-Masse und dann den restlichen Teig darauf verteilen. Die Muffins im heißen Ofen ca. 25 Minuten backen.

6. Die Muffins im Blech ca. 5 Minuten ruhen lassen, dann herausnehmen und auf einem Kuchengitter abkühlen lassen.

Latte-Macchiato-Muffins

Zutaten *für ca. 12 Stück:*

Für den Teig:
80 g Mokkabohnen
280 g Mehl
1 EL Kakaopulver
3 TL Backpulver
60 g zerlassene, abgekühlte Margarine *(z. B. von Rama)*
2 Eier
100 g Zucker
150 ml starker, kalter Kaffee (oder Espresso)
150 ml Milch

Für die Glasur:
150 g Puderzucker
2 EL starker, kalter Kaffee (oder 1 TL lösliches Espressopulver)
2 EL süße Sahne

Außerdem:
Fett für das Blech
ca. 12 Mokkabohnen

Zubereitung:

1. Den Backofen auf 180 °C (Umluft 160 °C) vorheizen. Das Muffinblech einfetten und in den Gefrierschrank stellen.

2. Für den Teig die Mokkabohnen grob hacken. Mit dem Mehl, dem Kakao- und Backpulver mischen. Die Margarine, die Eier und den Zucker mit den Quirlen des Handrührgeräts verrühren, den Kaffee und die Milch dazugeben und alles gut vermischen.

3. Die Mehlmischung zur Ei-Zucker-Mischung geben und nur so lange rühren, bis die trockenen Zutaten feucht sind.

4. Den Teig in die gefetteten Mulden der Muffinform füllen. Die Muffins im heißen Ofen ca. 25 Minuten backen. Muffins ca. 5 Minuten ruhen lassen, dann herausnehmen und auf einem Kuchengitter abkühlen lassen.

5. Für die Glasur den Puderzucker mit dem Kaffee und der Sahne glatt rühren. Die Muffins mit der Glasur bepinseln und mit je einer Mokkabohne verzieren.

Mokkabohnen können Sie fertig kaufen. Sie sind eine schöne Kuchen- und Tortendekoration und können auch separat zum Naschen gereicht werden. Mit ihrer zarten Kaffeenote sind sie die ideale Ergänzung zu einer Tasse Kaffee oder Espresso.

Latte-Macchiato-Muffins

Mini-Muffins mit Möhren und Haselnüssen

Zutaten *für ca. 24 Stück:*

80 g Haselnusskerne
2 EL Honig
120 g Möhren
100 g saure Sahne
175 g Mehl
2 gestrichene TL Backpulver
1 Vanilleschote
60 g Brotaufstrich mit Joghurt *(z. B. von Lätta)*
1 Prise Salz
90 g Ahornsirup
1 Ei

Außerdem:
Fett oder Papierförmchen für die Bleche

Zubereitung:

1. Den Backofen auf 180 °C (Umluft 160 °C) vorheizen. Die Nüsse halbieren und mit dem Honig in einer Pfanne hellgelb karamellisieren, dann auf eine leicht geölte Fläche geben und abkühlen lassen.

2. Die Möhren putzen, schälen, fein raspeln und mit der sauren Sahne vermischen. Das Mehl mit dem Backpulver mischen und sieben. Die Vanilleschote längs halbieren und das Mark herauskratzen.

3. Den Brotaufstrich mit dem Vanillemark und dem Salz schaumig schlagen. Unter weiterem Rühren zuerst den Ahornsirup und dann das Ei dazugeben. Anschließend abwechselnd esslöffelweise die Mehlmischung und die Saure-Sahne-Mischung unterrühren.

4. Den Teig in die gefetteten oder mit Papierförmchen ausgelegten Mulden von Muffinblechen füllen und die karamellisierten Nüsse darauf verteilen.

5. Die Muffins im heißen Ofen ca. 20 Minuten backen, nach der Hälfte der Backzeit die Ofentemperatur auf 160 °C (Umluft 140 °C) reduzieren. Die Muffins ca. 5 Minuten abkühlen lassen und dann aus dem Blech lösen.

Nüsse gelten als Nervennahrung – und das zu Recht: Das darin enthaltene Lecithin stärkt die Nerven und die Gedächtnisleistung. Das gilt nicht nur für Haselnüsse, sondern auch für andere Nusssorten, wie z.B. Walnüsse.

Himbeeren …

… sind süße Beeren, die vor allem bei Kindern sehr beliebt sind. Falls Sie die Muffins für Kinder zubereiten, lassen Sie bitte unbedingt den Eierlikör weg. Die Sahne schmeckt auch ohne Alkohol sehr gut!

Himbeer-Bananen-Muffins mit Eierlikör-Sahne

Zutaten *für ca. 12 Stück:*

1 Ei
100 g Zucker
1 Päckchen Bourbon-Vanillezucker
80 g zerlassene, abgekühlte Margarine *(z. B. von Rama)*
250 g Naturjoghurt
2 reife Bananen
280 g Mehl
3 TL Backpulver
200 g Himbeeren (TK)

Für die Eierlikör-Sahne:
200 ml süße Sahne
1 TL Zucker
1 TL Vanillezucker
1–2 EL Eierlikör

Außerdem:
Fett für das Blech

Zubereitung:

1. Den Backofen auf 180 °C (Umluft 160 °C) vorheizen. Das Muffinblech einfetten und in den Gefrierschrank stellen.

2. Das Ei mit dem Zucker, dem Vanillezucker, der Margarine und dem Joghurt mit den Quirlen des Handrührgeräts gut verrühren. Die Bananen schälen, zerdrücken und unterrühren.

3. Das Mehl mit dem Backpulver mischen und sieben. Die Mehlmischung zur Ei-Joghurt-Masse geben und nur so lange rühren, bis die trockenen Zutaten feucht sind. 150 g Himbeeren vorsichtig unterheben.

4. Den Teig in die gefetteten Mulden der Muffinform füllen. Die Muffins im heißen Ofen ca. 25 Minuten backen, im Blech ca. 5 Minuten ruhen lassen, dann herausnehmen und auf einem Kuchengitter abkühlen lassen.

5. Für die Eierlikör-Sahne die Sahne mit Zucker und Vanillezucker aufschlagen. Den Eierlikör unterrühren.

6. Die Muffins mit der Eierlikör-Sahne bestreichen und mit den restlichen aufgetauten Himbeeren verzieren.

Mohn-Muffins mit Kirschen

Zutaten *für ca. 12 Stück:*

Für den Teig:
100 g Margarine *(z. B. von Sanella)*
1 Prise Salz
50 g Honig
2 Eier
175 g Mehl Type 550
½ Päckchen Backpulver
1 TL abgeriebene Schale einer unbehandelten Zitrone
75 ml Milch

Für die Füllung:
250 g Mohn-Back (Fertigprodukt)
30 g Sultaninen
30 g gehackte Mandeln
1 Eigelb
1 Päckchen Rumaroma
75 g entsteinte Kirschen

Außerdem:
Puderzucker zum Bestäuben
Fett oder Papierförmchen für das Blech

Zubereitung:

1. Den Backofen auf 180 °C (Umluft 160 °C) vorheizen. Für den Teig die Margarine mit dem Salz und dem Honig mit den Quirlen des Handrührgeräts cremig rühren. Die Eier nacheinander dazugeben.

2. Das Mehl mit dem Backpulver mischen, sieben und zusammen mit der Zitronenschale abwechselnd mit der Milch unter den Teig rühren.

3. Für die Füllung das Mohn-Back mit den Sultaninen, den gehackten Mandeln, dem Eigelb, dem Rumaroma und 3 EL Wasser verrühren. Die Kirschen vorsichtig unterheben.

4. Den Teig in die gefetteten oder mit Papierförmchen ausgelegten Mulden eines Muffinblechs füllen und die Mohnmasse darauf verteilen. Ein Holzstäbchen vorsichtig spiralförmig durch den Teig ziehen.

5. Die Muffins im heißen Ofen ca. 30 Minuten backen. Ca. 5 Minuten abkühlen lassen, aus den Mulden lösen und mit Puderzucker bestäuben.

Mini-Lebkuchen-Muffins

Zutaten *für ca. 35 Stück:*

150 g Zuckerrübensirup
(z. B. Grafschafter Goldsaft)
125 g Butter
50 g brauner Zucker
250 g Mehl
2 TL Backpulver
1 EL Kakaopulver
1 TL Lebkuchengewürz
100 g gehackte Mandeln
2 Eier
150 g Aprikosengelee
30 g Zucker

Außerdem:
Fett oder Papierförmchen für die Bleche
Pistazien
Marzipansterne

Zubereitung:

1. Den Backofen auf 180 °C (Umluft 160 °C) vorheizen.
2. Den Zuckerrübensirup mit der Butter und dem Zucker erhitzen, bis der Zucker geschmolzen ist. Die Mischung abkühlen lassen.
3. Das gesiebte Mehl mit dem Backpulver, dem Kakao und dem Lebkuchengewürz vermischen und unterrühren. Die gehackten Mandeln dazugeben. Die Eier nacheinander unterrühren.
4. Den Teig in die gefetteten oder mit Papierförmchen ausgelegten Mulden von Muffinblechen füllen, je 1 TL Aprikosengelee darauf geben und im heißen Ofen ca. 25 Minuten goldbraun backen.
5. Die fertigen Muffins mit dem Zucker bestreuen und mit Marzipansternen und Pistazien verzieren.

Pistazien haben zwar einen hohen Fettgehalt, aber in Maßen genossen sind sie sehr gesund. Es gibt sogar Studien, nach denen regelmäßiger Verzehr von Pistazien das Krebsrisiko senkt. Aber Vorsicht: Kaufen Sie nur gute, geprüfte Ware, da Billigimporte schädliche Schimmelpilze enthalten können!

Dreierlei bunte Muffins

Zutaten *für je ca. 12 Stück:*

Marmorierte Muffins:
200 g Zucker
4 Eier
200 ml Rapsöl
150 g Mehl
50 g Speisestärke *(z. B. von Müllers Mühle)*
1 TL Backpulver
1 EL Milch
25 g Kakaopulver

Kokosmuffins „Tutti-Frutti“:
150 g Zucker
3 Eier
150 ml Rapsöl
100 g Mehl
50 g Speisestärke
1 TL Backpulver
100 g Kokosflocken
125 g Ananas (aus der Dose)
100 g Mandarinen (aus der Dose)

Bunte Muffins:
150 g Zucker
2 TL Orangenzucker
3 Eier
150 ml Rapsöl
100 g Mehl
50 g Speisestärke
1 TL Backpulver
1 Päckchen Fondant zum Glasieren
Zuckerstreusel und Schokoherzchen zum Dekorieren

Außerdem:
Fett oder Papierförmchen für die Bleche

Zubereitung:

1. Für alle Muffins den Backofen auf 180 °C (Umluft 160 °C) vorheizen.

2. Für die marmorierten Muffins den Zucker mit den Eiern und dem Öl schaumig rühren. Das gesiebte Mehl mit der Stärke und dem Backpulver mischen, dazugeben und rasch unterrühren.

3. Den Teig in die gefetteten oder mit Papierförmchen ausgelegten Mulden eines Muffinblechs füllen. Den restlichen Teig mit der Milch und dem Kakao verrühren und ebenfalls in die Förmchen füllen.

4. Mit einem Löffelstiel die beiden Teige ganz leicht vermischen. Die Muffins im heißen Ofen ca. 20 Minuten backen.

5. Für die Kokosmuffins „Tutti-Frutti“ den Zucker mit den Eiern und dem Öl schaumig rühren. Das gesiebte Mehl mit der Speisestärke, dem Backpulver und 75 g Kokosflocken vermischen und rasch unterrühren.

6. Die Ananas und die Mandarinen gut abtropfen lassen. Die Ananas in kleine Stücke schneiden. Je sechs Ananasstücke und sechs Mandarinenfilets beiseitelegen, die restlichen Früchte unter den Muffinteig ziehen.

7. Den Teig in die gefetteten oder mit Papierförmchen ausgelegten Mulden eines Muffinblechs füllen. Die Muffins mit den restlichen Kokosflocken bestreuen, mit Ananasstücken oder Mandarinenfilets belegen. Im heißen Ofen ca. 20 Minuten backen.

8. Für die bunten Muffins den Zucker und den Orangenzucker mit den Eiern und dem Öl schaumig rühren. Das gesiebte Mehl mit der Stärke und dem Backpulver gut vermischen und unterrühren. Den Teig in die gefetteten oder mit Papierförmchen ausgelegten Mulden eines Muffinblechs füllen.

9. Die Muffins im heißen Ofen ca. 20 Minuten backen. Anschließend mit dem Fondant nach Packungsanleitung glasieren und mit Zuckerstreuseln und Schokoherzchen verzieren.

Karotten-Törtchen
mit Mandeln

Zutaten *für 6 Stück:*

Für den Teig:
65 g Mehl
100 g fein geraspelte Karotten
½ TL Backpulver
¼ TL Natron
15 g gemahlene Mandeln
1 Ei
50 g Rohrzucker
½ TL Bourbon-Vanillezucker
1 TL Zuckerrübensirup
50 ml Pflanzenöl
20 g Butter

Für die Verzierung:
100 g Puderzucker
3–4 EL Zitronensaft
6 Zucker- oder Marzipankarotten

Zubereitung:

1. Den Backofen auf 180 °C (Umluft 160 °C) vorheizen. Die Muffinform gut einfetten oder mit Papierförmchen auslegen.

2. Das Mehl zusammen mit dem Backpulver und dem Natron in eine Schüssel sieben, die Mandeln darübergeben und beiseitestellen. Die Butter zusammen mit dem Zuckerrübensirup in einem Topf bei schwacher Hitze schmelzen und abkühlen lassen.

3. Das Ei mit dem Zucker und dem Vanillezucker schaumig schlagen, das Öl und die Butter-Sirup-Mischung dazugeben und gut unterrühren. Die Mehlmischung hinzufügen und alles zügig zu einem glatten Teig verarbeiten. Die Karottenraspel mit einem Rührlöffel vorsichtig unterheben.

4. Den Teig in die Mulden der Muffinform füllen, in den Backofen schieben und 25–30 Minuten backen. Nach Ablauf der Backzeit herausnehmen, 5 Minuten in der Form ruhen lassen, danach die Muffins aus der Form lösen und auf einem Kuchengitter auskühlen lassen.

5. In der Zwischenzeit den Puderzucker in eine Schüssel sieben und mit dem Zitronensaft zu einem dickflüssigen Guss verrühren.

6. Mithilfe eines Teelöffels die ausgekühlten Muffins mit dem Zuckerguss überziehen. Die Zucker- oder Marzipankarotten in den Guss drücken und diesen fest werden lassen.

Karotten-Törtchen mit Mandeln

Schoko-Cupcakes mit Vanille-Häubchen

Zutaten *für ca. 12 Stück:*

Für den Teig:
100 g Edelbitterschokolade
100 g Margarine *(z. B. von Sanella)*
1 Päckchen Vanillezucker
70 g weißer Zucker
70 g brauner Zucker
2 Eier
75 g Buttermilch
130 g Mehl
½ TL Natron

Für das Häubchen:
125 ml Milch
1 Päckchen Vanillesoße
2 Päckchen Vanillezucker
125 ml süße Sahne

Außerdem:
Fett oder Papierförmchen für das Blech
Zuckerherzchen

Zubereitung:

1. Den Backofen auf 180 °C (Umluft 160 °C) vorheizen. Für den Teig die Schokolade im Wasserbad schmelzen. Die Margarine mit dem Vanillezucker, dem weißen und braunen Zucker schaumig schlagen.

2. Die Eier nacheinander dazugeben, die Buttermilch hinzufügen und unterrühren. Das Mehl mit dem Natron mischen, in die Masse sieben und rasch unterrühren. Die geschmolzene Schokolade ebenfalls unterrühren.

3. Den Teig zwei Drittel hoch in die gefetteten oder mit Papierförmchen ausgelegten Mulden eines Muffinblechs füllen.

4. Die Muffins im heißen Ofen ca. 25 Minuten backen. Anschließend abkühlen lassen.

5. 100 ml Milch aufkochen. Die Vanillesoße und den Vanillezucker mit der restlichen Milch anrühren.

6. Diese Mischung in die kochende Milch einrühren, nochmals aufkochen und abkühlen lassen. Die Sahne steif schlagen, die abgekühlte Vanillecreme dazugeben und kräftig miteinander verrühren. Die Mischung ca. 1 Stunde in den Kühlschrank stellen.

7. Das Vanille-Häubchen mit einem Spritzbeutel auf die Cupcakes verteilen und mit Zuckerherzchen dekorieren.

Zuckerherzchen …

… als Streudeko gibt es in allen Farben, sogar in Gold und Silber. Wenn Sie sie vor Ort nicht bekommen, finden Sie im Internet eine reiche Auswahl.

Apfelmuffins

Zutaten *für ca. 12 Stück:*

2 Äpfel
250 g Mehl
2 TL Backpulver
1 EL Bourbon-Vanillezucker
½ TL Natron
3 Tropfen Zitronen-Aroma
(z. B. von Ostmann)
¼ TL Zimt
1 Ei
150 g Zucker
80 ml Speiseöl
280 g Buttermilch

Außerdem:
Fett oder Papierförmchen für das Blech
Puderzucker zum Bestäuben

Zubereitung:

1. Den Backofen auf 200 °C (Umluft 180 °C) vorheizen. Die Äpfel waschen, vierteln, Kerngehäuse entfernen und die Äpfel in kleine Würfel schneiden.

2. Für den Teig das gesiebte Mehl mit dem Backpulver, dem Vanillezucker und dem Natron gut vermischen und das Zitronenaroma sowie den Zimt dazugeben. Das Ei mit dem Zucker, dem Öl und der Buttermilch verrühren und unter die Mehlmischung heben. Nur kurz verrühren, bis alle Zutaten feucht sind.

3. Die Apfelwürfel untermischen, den Teig in die gefetteten oder mit Papierförmchen ausgelegten Mulden eines Muffinblechs füllen und im heißen Ofen ca. 25 Minuten goldbraun backen.

4. Die Muffins aus dem Blech nehmen, abkühlen lassen und mit Puderzucker bestäubt servieren.

Apfelkompott-Muffins

Zutaten *für ca. 12 Stück:*

175 g Margarine *(z. B. von Rama)*
3 Eier
100 g Zucker
1 Prise Salz
350 g Apfelkompott
200 g Mehl
3 TL Backpulver

Außerdem:

Fett oder Papierförmchen für das Blech
Puderzucker und getrocknete Apfelchips

Zubereitung:

1. Den Backofen auf 180 °C (Umluft 160 °C) vorheizen. Die Margarine mit den Eiern, dem Zucker, dem Salz und dem Apfelkompott cremig rühren.

2. Das Mehl mit dem Backpulver mischen, dazusieben und kurz unterrühren.

3. Den Teig in die gefetteten oder mit Papierförmchen ausgelegten Mulden einer Muffinform füllen.

4. Die Muffins im heißen Ofen auf der 2. Schiene von unten ca. 25 Minuten backen.

5. Mit Puderzucker bestäuben und mit Apfelchips verzieren.

Honigkuchen-
Muffins mit Früchten

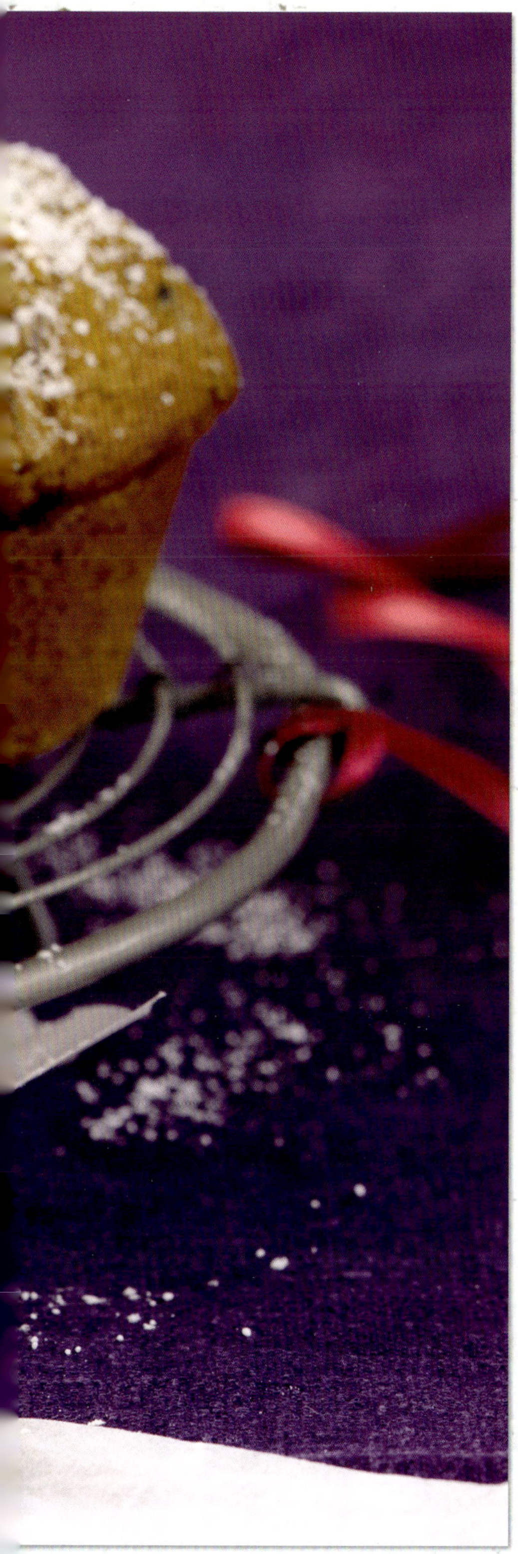

Zutaten *für ca. 24 Stück:*

200 g Honig
150 g Zucker
100 g Margarine *(z. B. von Sanella)*
100 g getrocknete Feigen
100 g getrocknete Pflaumen
100 g getrocknete Datteln
100 g getrocknete Kirschen
500 g Mehl
1 Päckchen Backpulver
1 TL Zimt
½ TL Nelkenpulver
2 Eier
100 g Mandelstifte
100 g Rosinen
50 g Zitronatwürfel
50 g Orangeatwürfel

Außerdem:
Fett oder Papierförmchen für die Bleche
Puderzucker zum Bestäuben

Zubereitung:

1. Den Backofen auf 160 °C (Umluft 140 °C) vorheizen. Den Honig, den Zucker und die Margarine in einen Topf geben, unter Rühren einmal aufkochen, vom Herd nehmen und abkühlen lassen.

2. In der Zwischenzeit die Feigen, die Pflaumen und die Datteln in dünne Streifen schneiden und die Kirschen halbieren.

3. Das Mehl und das Backpulver mit Zimt und Nelkenpulver mischen und sieben. Die Mehlmischung und die Eier zu der ausgekühlten Zuckermasse geben und alles mit den Knethaken des Handrührgeräts gut verkneten.

4. Die Feigen, die Pflaumen, die Datteln, die Kirschen, die Mandelstifte, die Rosinen, das Zitronat und das Orangeat zum Teig geben und alles gut miteinander verkneten.

5. Den Teig in die gefetteten oder mit Papierförmchen ausgelegten Mulden von Muffinblechen füllen und im heißen Ofen ca. 30–40 Minuten backen. Mit Puderzucker bestäubt servieren.

Zitronen-Muffins

Zutaten *für ca. 12 Stück:*

1 unbehandelte Zitrone
1 Zitrone
100 g Puderzucker
3 Eier
1 kleine Dose Mandarinen
(175 g Abtropfgewicht)
150 g Margarine *(z. B. von Rama)*
150 g Zucker
1 Päckchen Vanillezucker
250 g Mehl
½ Päckchen Backpulver
150 ml süße Sahne

Außerdem:
Fett oder Papierförmchen für das Blech
Holzstäbchen
Orangenzesten

Zubereitung:

1. Den Backofen auf 200 °C (Umluft 180 °C) vorheizen. Die unbehandelte Zitrone heiß waschen, abtrocknen und die Schale sehr dünn abreiben. Den Saft von beiden Zitronen auspressen. Den Puderzucker mit 2–3 EL Zitronensaft zu einer Glasur verrühren.

2. Die Eier trennen. Die Eiweiße mit den Quirlen eines Handrührgeräts steif schlagen. Die Mandarinenscheiben in einem Sieb abtropfen lassen.

3. Die Margarine mit dem Zucker, dem Vanillezucker und der Zitronenschale mit den Quirlen des Handrührgeräts cremig rühren. Die Eigelbe nacheinander dazugeben und kräftig unterrühren.

4. Das Mehl und das Backpulver mischen, sieben und abwechselnd mit dem restlichen Zitronensaft und der Sahne unter den Teig mischen. Alle Zutaten ca. 3 Minuten auf höchster Stufe verrühren.

5. Den Eischnee und die Hälfte der abgetropften Mandarinenscheiben vorsichtig unter den Teig heben.

6. Den Teig in die gefetteten oder mit Papierförmchen ausgelegten Mulden eines Muffinblechs füllen und im heißen Ofen zunächst 15 Minuten backen. Die restlichen Mandarinenscheiben auf dem Teig verteilen und weitere 15 Minuten backen.

7. Die Muffins aus dem Ofen nehmen und sofort mehrfach an der Oberfläche mit einem Holzstäbchen einstechen. Die Zitronenglasur mit einem Esslöffel auf den Muffins verteilen und mit Orangenzesten verzieren.

Schoko-Muffins
mit Quarkfüllung

Zutaten *für ca. 12 Stück:*

50 g Zartbitterschokolade
250 g Mehl
2 TL Backpulver
40 g Kakaopulver
2 TL Espressopulver (Instant)
150 g brauner Zucker
1 Ei
1 Prise Salz
125 ml Öl
300 ml Buttermilch

Für die Füllung:
150 g Speisequark
3 EL Puderzucker
1 Päckchen Vanillezucker

Außerdem:
Fett oder Papierförmchen für das Blech
Puderzucker zum Bestäuben

Zubereitung:

1. Den Backofen auf 180 °C (Umluft 160 °C) vorheizen. Die Schokolade raspeln.

2. Das gesiebte Mehl mit dem Back-, dem Kakao- und dem Espressopulver mischen. Den Zucker, das Ei, das Salz, das Öl und die Buttermilch miteinander verquirlen. Die Mehlmischung unterrühren und 50 g der Schokoladenraspeln hinzufügen.

3. Für die Füllung den Quark etwas abtropfen lassen und mit Puder- sowie Vanillezucker verrühren.

4. Ca. ein Drittel des Teigs in die gefetteten oder mit Papierförmchen ausgelegten Mulden eines Muffinblechs füllen, in die Mitte jeweils einen Klecks der Quarkfüllung setzen und den restlichen Teig darüber verteilen.

5. Die Muffins im heißen Ofen auf der mittleren Schiene ca. 25 Minuten backen, herausnehmen und auf einem Kuchengitter abkühlen lassen. Mit Puderzucker bestäubt servieren.

Quark ...

... als Füllung verleiht den Muffins einen erfrischenden Geschmack. Nehmen Sie Magerquark, dann wird das Ganze nicht zu üppig! Alternativ können Sie auch Frischkäse oder Schmand für die Füllung verwenden.

Dreierlei Muffins mit Beeren und Trockenfrüchten

Zutaten *für ca. 24 Stück:*

200 g Butter
175 g Zucker
2 Päckchen Vanillezucker
5 Eier
125 ml Milch
1 Prise Salz
Saft von ½ Zitrone
375 g Mehl
125 g Speisestärke *(z. B. von Müllers Mühle)*
1 Päckchen Backpulver
100 g Heidelbeeren
100 g Himbeeren
50 g Trockenfrüchte

Außerdem:

Fett oder Papierförmchen für die Bleche
Puderzucker zum Bestäuben

Zubereitung:

1. Den Backofen auf 200 °C (Umluft 180 °C) vorheizen. Die Butter, den Zucker und den Vanillezucker mit dem Handrührgerät schaumig rühren. Die Eier, die Milch, das Salz und den Zitronensaft dazugeben. Die Zutaten glatt rühren.

2. Das Mehl, die Speisestärke und das Backpulver mischen, dazusieben und unterrühren. Den Teig nochmals gut durchrühren, dritteln und jede Teigportion in eine Schüssel geben. Die Beeren verlesen und vorsichtig waschen. Die Trockenfrüchte klein schneiden.

3. Die Heidelbeeren unter die erste Teigportion, die Himbeeren unter die zweite Teigportion und die Trockenfrüchte unter die dritte Teigportion heben. 3 Muffinbleche einfetten oder ca. 24 Papierförmchen auf ein Backblech stellen.

4. Die drei Teigportionen auf jeweils 8 Mulden der Muffinform oder Papierförmchen verteilen.

5. Die Muffins im heißen Ofen 18–20 Minuten backen und mit Puderzucker bestäuben.

Feine Speisestärke wird aus dem Stärkekern ausgesuchter Maissorten gemahlen. Jedes Backwerk wird lockerer, wenn ein Drittel des Mehlgewichts durch diese pudrige Stärke ersetzt wird.

Donauwellen-
Muffins

Zutaten *für ca. 12 Stück:*

Für den Teig:
150 g Mehl
50 g Speisestärke *(z. B. von Mondamin)*
½ Päckchen Backpulver
3 Eier
150 g Margarine
125 g Zucker
100 ml Milch
1 EL Kakaopulver
120 g Schattenmorellen (aus dem Glas)

Für die Creme:
1 Päckchen Puddingpulver Vanille
400 ml Milch
200 g Frischkäse *(z. B. Brunch Classic)*
150 g Zartbitterkuvertüre

Außerdem:
Fett oder Papierförmchen für das Blech

Zubereitung:

1. Den Backofen auf 180 °C (Umluft 160 °C) vorheizen. Für den Teig das Mehl mit der Speisestärke und dem Backpulver mischen und sieben. Die Eier trennen und die Eiweiße steif schlagen.
2. Die Margarine und den Zucker mit den Quirlen des Handrührgeräts schaumig rühren, die Eigelbe dazugeben und unterrühren. Die Milch und die Mehlmischung abwechselnd unterrühren, dann den Eischnee unterheben.
3. Etwa drei Viertel des Teiges in die gefetteten oder mit Papierförmchen ausgelegten Mulden eines Muffinblechs füllen. Unter den restlichen Teig den Kakao rühren. Den dunklen Teig auf den hellen Teig streichen. Die Kirschen abtropfen lassen, darauf verteilen und leicht eindrücken.
4. Die Muffins im heißen Ofen ca. 25 Minuten backen. Danach auskühlen lassen.
5. Für die Creme das Vanillepuddingpulver mit der Milch nach Packungsanleitung zubereiten und den Frischkäse unterheben. Die Creme abkühlen lassen.

6. Die Muffins im oberen Drittel quer durchschneiden, mit der Creme füllen und die Teigdeckel wieder aufsetzen. Die Kuvertüre klein hacken, im Wasserbad schmelzen und die Muffins damit verzieren.

Nugat-Brombeer-Törtchen

Zutaten *für ca. 12 Stück:*

150 g Margarine *(z. B. von Rama)*
200 g Nugat
3 Eier
100 g Puderzucker
1 Prise Salz
50 g Mehl
500 g Brombeeren
250 ml süße Sahne
Minze

Außerdem:
Fett oder Papierförmchen für das Blech

Zubereitung:

1. Die Margarine und den Nugat in einen kleinen Topf geben und so lange bei schwacher Hitze erwärmen, bis die Margarine geschmolzen ist. Den Backofen auf 180 °C (Umluft 160 °C) vorheizen.

2. Die Eier trennen und die Eigelbe mit dem Puderzucker cremig rühren. Die Eiweiße mit dem Salz steif schlagen.

3. Die abgekühlte Margarine-Nugat-Mischung esslöffelweise mit den Quirlen des Handrührgeräts zur Eigelbcreme geben und gut verrühren.

4. Das Mehl über die Nugatcreme sieben und unterrühren. Danach den Eischnee vorsichtig unterheben. Die Brombeeren verlesen, waschen und trocken tupfen.

5. Den Teig in die gefetteten oder mit Papierförmchen ausgelegten Mulden eines Muffinblechs füllen und auf jede Teigportion eine Brombeere legen.

6. Die Muffins im heißen Ofen ca. 40 Minuten backen.

7. Die Sahne mit den Quirlen des Handrührgeräts steif schlagen. Die Sahne und die restlichen Brombeeren auf den Törtchen verteilen und mit der Minze verzieren.

Minze ist ein vielseitiges Küchenkraut, das sowohl in herzhaften als auch in süßen Speisen Verwendung findet. Es gibt sie in zahlreichen Sorten: Die bekanntesten sind die Pfefferminze und die marokkanische Minze.

Spinat-Feta-Muffins

Zutaten *für ca. 12 Stück:*

150 g Blattspinat (TK)
1–2 Knoblauchzehen
½ TL Muskatnuss
½–1 TL Chilipulver
200 g Feta
2 Eier
100 g Margarine *(z. B. von Sanella)*
250 ml Buttermilch
250 g Mehl
1 Päckchen Backpulver
1 TL Salz

Außerdem:
Fett oder Papierförmchen für das Blech

Zubereitung:

1. Den Spinat auftauen lassen, ausdrücken und grob schneiden. Den Knoblauch schälen und fein hacken. Den Spinat mit dem Knoblauch, Muskatnuss und Chilipulver würzen.

2. Den Feta abtropfen lassen und in kleine Würfel schneiden. Den Backofen auf 200 °C (Umluft 180 °C) vorheizen.

3. Die Eier mit der geschmolzenen Margarine und der Buttermilch mit den Knethaken des Handrührgeräts verrühren. Den Spinat dazugeben. Das Mehl sieben, mit Backpulver und Salz mischen und unterrühren. Den gewürfelten Feta unter den Teig heben.

4. Den Teig in die gefetteten oder mit Papierförmchen ausgelegten Vertiefungen eines Muffinblechs füllen und im heißen Ofen ca. 25 Minuten backen.

Als Variante können Sie den weißen Spargel durch grünen ersetzen und statt Rohschinken gekochten Schinken verwenden. Besonders pikant werden die Muffins, wenn Sie diese vor dem Backen zusätzlich mit Bacon-Stückchen belegen.

Spargel-Schinken-Muffins

Zutaten *für ca. 12 Stück:*

300 g Spargel
1 TL Zucker
100 g Schwarzwälder Schinken ohne Fettrand
80 g Margarine *(z. B. von Sanella)*
350 g Mehl
1 Päckchen Backpulver
1 TL Natron
1 EL frisch gehackte Petersilie
2 Eier
120 g saure Sahne
Salz, Pfeffer

Außerdem:
Fett oder Papierförmchen für das Blech

Zubereitung:

1. Den Spargel schälen, die holzigen Enden abschneiden und die Stangen in ca. 1 cm große Stücke schneiden.
2. In einem Topf 250 ml Wasser mit Salz und Zucker aufkochen. Den Spargel ca. 10 Minuten darin garen, abgießen, dabei das Spargelwasser auffangen und abkühlen lassen. Den Backofen auf 190 °C (Umluft 170 °C) vorheizen.
3. Den Schinken in kleine Würfel schneiden. Die Margarine schmelzen und abkühlen lassen.
4. Das gesiebte Mehl mit Backpulver, Natron, Salz, Petersilie und Pfeffer verrühren. Die Eier, 200 ml Spargelwasser und die saure Sahne mit den Quirlen des Handrührgeräts schaumig schlagen.
5. Die Margarine dazugeben und die Mehlmischung löffelweise unterrühren. Die Spargelstücke und die Schinkenwürfel unterheben.
6. Den Teig in die gefetteten oder mit Papierförmchen ausgelegten Mulden eines Muffinblechs füllen. Die Muffins im heißen Ofen ca. 25 Minuten backen.

Marmorkuchen
mit Nugat

Zutaten *für ca. 20 Stücke:*

250 g Margarine *(z. B. von Rama)*
175 g Zucker
5 Eier
200 g Mehl
50 g Speisestärke
½ Päckchen Backpulver
1 Prise Salz
1 Päckchen geriebene Orangenschale
100 g Nugat

Außerdem:

Margarine und Semmelbrösel für die Form
Puderzucker zum Bestäuben

Zubereitung:

1. Die Margarine und den Zucker mit den Quirlen des Handrührgerätes cremig rühren. Die Eier trennen und die Eigelbe nacheinander unter die Margarinecreme rühren. Das gesiebte Mehl, die Speisestärke, das Backpulver und das Salz mischen und esslöffelweise unter die Creme rühren.

2. Den Backofen auf 175 °C (Umluft 155 °C) vorheizen. Den Teig halbieren und eine Hälfte mit der Orangenschale verrühren. Den Nugat in kleine Würfel schneiden und mit der anderen Hälfte des Teiges verrühren.

3. Die Eiweiße sehr steif schlagen. Jeweils die Hälfte des Eischnees zu jeder Teigportion geben und vorsichtig unterheben.

4. Eine Gugelhupfform mit Margarine gut einfetten und mit den Semmelbröseln ausstreuen. Erst den hellen Teig in die Form geben, dann den dunklen Teig auf dem hellen verteilen. Eine Gabel spiralförmig durch die Teige ziehen, um ein Muster zu erhalten.

5. Den Kuchen im heißen Backofen ca. 1 Stunde 15 Minuten backen und die letzten 20 Minuten mit Alufolie abdecken, damit er nicht zu dunkel wird.

6. Den Kuchen aus dem Ofen nehmen, ca. 5 Minuten in der Form abkühlen lassen und zum Auskühlen auf ein Kuchengitter stürzen. Den fertigen Kuchen mit Puderzucker bestäuben.

Nugat …

… besteht hauptsächlich aus gerösteten, gemahlenen Haselnüssen, Kakao und Puderzucker. Je höher der Haselnussanteil und der Ausmahlungsgrad, desto hochwertiger ist der Nugat. Er wird meist in Backwaren weiterverarbeitet, kann aber durchaus auch pur gegessen werden.

Amaretto-Marmorkuchen

Zubereitung:

1. Die Kuvertüre grob hacken und im heißen Wasserbad schmelzen. Den Backofen auf 175 °C (Umluft 155 °C) vorheizen. Eine Gugelhupfform (26 cm Durchmesser) einfetten und mit etwas Mehl bestäuben.

2. Die Amarettini grob zerbröseln. Die Butter mit dem Zucker, dem Vanillezucker, dem Salz und dem Bittermandelöl cremig rühren. Die Eier nacheinander unterrühren. Das gesiebte Mehl, die Mandeln und das Backpulver mischen. Abwechselnd mit 125 ml Milch nach und nach unter den Teig rühren.

3. Den Teig dritteln und eine Portion beiseitestellen. Unter die zweite Portion den Kakao, 3 EL flüssige Kuvertüre und die restliche Milch rühren. Unter die dritte Portion die Amarettini-Brösel und den Amaretto rühren.

4. Zuerst den dunklen, dann den hellen und zum Schluss den Amaretto-Teig in die Form füllen, eine Gabel spiralförmig durchziehen und den Teig glatt streichen. Den Kuchen im heißen Backofen ca. 1 Stunde 15 Minuten backen.

5. Den Kuchen stürzen und gut auskühlen lassen. Die restliche Kuvertüre nochmals im Wasserbad erwärmen und auf dem Kuchen verteilen.

6. Mit Hagelzucker und Mandelblättchen bestreuen und den Guss gut trocknen lassen.

Zutaten *für ca. 20 Stücke:*

150 g Zartbitterkuvertüre
125 g Amarettini (ital. Mandelkekse)
250 g weiche Butter
175 g Zucker
1 Päckchen Vanillezucker
1 Prise Salz
4 Tropfen Bittermandelöl
6 Eier
450 g Weizenmehl Type 405 *(z. B. von Goldpuder)*
80 g gehackte Mandeln
1 Päckchen Backpulver
225 ml Milch
2 EL Kakaopulver
5 EL Amaretto

Außerdem:
Fett und Mehl für die Form
2 EL Hagelzucker und Mandelblättchen zum Bestreuen

Besonders gut …

… schmeckt der Kuchen, wenn er einen Tag durchgezogen ist.

Punsch-Kuchen
mit Orangen

Zutaten *für ca. 12 Stücke:*

Für den Teig:
200 g Margarine *(z. B. von Sanella)*
200 g Zucker
1 Prise Salz
4 Eier
2 unbehandelte Orangen
350 g Mehl
2 TL Backpulver

Zum Tränken:
150 ml Rotwein
1 Beutel Glühweingewürz
100 g Zucker
2 EL Rum

Außerdem:
Fett für die Form
2 EL Puderzucker zum Bestäuben

Zubereitung:

1. Die Margarine in einem Topf schmelzen. Den Zucker, das Salz und die Eier dazugeben und mit den Quirlen des Handrührgeräts cremig rühren. Den Backofen auf 175 °C (Umluft 155 °C) vorheizen.

2. Die Orangen heiß waschen und abtrocknen. 1 TL Orangenschale abreiben, die restliche Schale sehr dünn abschälen und für die Verzierung in feine Streifen schneiden. Die Orangen auspressen, 125 ml Saft und die abgeriebene Orangenschale unterrühren.

3. Das Mehl sieben, mit dem Backpulver mischen und esslöffelweise unter den Teig rühren.

4. Die Form einfetten, den Teig einfüllen und im heißen Backofen ca. 55 Minuten backen. Aus der Form lösen und 10 Minuten abkühlen lassen.

5. Die Orangenschale für die Verzierung mit 100 ml Rotwein 5 Minuten offen kochen, in ein Sieb abgießen und dabei den Rotwein auffangen. Die Orangenschale abtropfen lassen.

6. Den restlichen Rotwein zu der Flüssigkeit geben, mit dem Glühweingewürz sowie dem Zucker aufkochen und abkühlen lassen. Den Rum unterrühren.

7. Den Kuchen wieder in die Form geben. Mit einem Holzspieß mehrmals einstechen. Den Punsch über den Kuchen träufeln und auskühlen lassen. Den Kuchen mit Puderzucker bestäuben und mit der Orangenschale verzieren.

Orangensirup-Kuchen

Zutaten *für ca. 24 Stücke:*

500 g Mehl
1 Päckchen Backpulver
½ TL Salz
250 g Grieß
5 Eier
250 g Margarine *(z. B. von Sanella)*
150 g Zucker
2 Päckchen geriebene Orangenschale
350 ml Orangensaft
100 g gehackte Mandeln

Für den Sirup:
325 g Zucker
125 ml Orangensaft

Außerdem:
Fett für die Form

Zubereitung:

1. Das Mehl und das Backpulver mischen, sieben und mit dem Salz sowie dem Grieß vermengen. Die Eier trennen. Den Backofen auf 180 °C (Umluft 160 °C) vorheizen.

2. Die Margarine, 75 g Zucker und die Orangenschale mit den Quirlen des Handrührgeräts cremig rühren. Die Eigelbe dazugeben und unterrühren. Die Quirle durch Knethaken ersetzen. Abwechselnd die Mehlmischung und den Orangensaft mit den Knethaken unterrühren.

3. Die Eiweiße mit dem restlichen Zucker mit den Quirlen des Handrührgeräts zu steifem Eischnee schlagen und vorsichtig unter den Teig heben.

4. Den Teig in eine gefettete ofenfeste Auflaufform oder rechteckige Backform geben und die Mandeln gleichmäßig darüber verteilen. Den Kuchen im heißen Backofen ca. 40 Minuten backen, herausnehmen und leicht abkühlen lassen.

5. In der Zwischenzeit für den Sirup den Zucker, den Orangensaft und 125 ml Wasser zusammen aufkochen. Den heißen Sirup über den Kuchen verteilen und den Kuchen ganz auskühlen lassen.

Zu dem Orangensirup-Kuchen passt ganz hervorragend ein frischer Obstsalat: Schneiden Sie frisches Obst der Saison (z.B. Bananen, Orangen, Äpfel und Trauben) in kleine Stücke, träufeln Sie etwas Zitronensaft darüber und vermischen Sie alles mit einem Päckchen Vanillezucker. Sehr schön mit einigen darübergestreuten Granatapfelkernen!

Blondies mit Himbeeren

Zutaten *für ca. 25 Stück:*

150 g Margarine *(z. B. von Sanella)*
150 g weiße Kuvertüre
3 Eier
150 g brauner Zucker
1 Päckchen Vanillezucker
200 g Mehl
2 TL Backpulver
100 g Himbeeren

Außerdem:
Fett für die Form

Zubereitung:

1. In einem Topf die Margarine und die Kuvertüre schmelzen und etwas abkühlen lassen.

2. Die Eier mit dem Zucker und dem Vanillezucker mit den Quirlen des Handrührgeräts schaumig schlagen und nach und nach die Margarine-Kuvertüre-Mischung unterrühren. Den Backofen auf 175 °C (Umluft 155 °C) vorheizen.

3. Das Mehl und das Backpulver mischen, auf die Masse sieben und unterrühren. Die Himbeeren verlesen und vorsichtig unterheben.

4. Den Teig in eine gefettete rechteckige Backform geben und im heißen Backofen ca. 35 Minuten backen.

5. Den Kuchen in der Form abkühlen lassen und dann in Stücke schneiden.

Brauner Zucker, auch Rohzucker genannt, schmeckt etwas kräftiger als weißer Zucker. Sein Aroma erinnert an Karamell. Zwar enthält brauner Zucker im Gegensatz zu weißem noch einige Mineralstoffe, aber bezüglich des Kaloriengehalts gibt es keinen Unterschied.

Pflaumenkuchen
mit Haselnüssen

Zutaten *für ca. 12 Stücke:*

250 g Pflaumen
100 g Margarine *(z. B. von Rama)*
75 g Zucker
2 Päckchen Vanillezucker
1 Päckchen Zitronenschale
2 Eier
200 g Mehl
1 TL Backpulver
125 ml Milch
75 g gehackte Haselnüsse

Außerdem:
Fett für die Form
Puderzucker zum Bestäuben

Zubereitung:

1. Den Backofen auf 180 °C (Umluft 160 °C) vorheizen. Die Pflaumen waschen, entsteinen und grob würfeln.

2. Die Margarine und den Zucker mit den Quirlen des Handrührgeräts cremig rühren. Den Vanillezucker und die Zitronenschale unterrühren. Nacheinander die Eier dazugeben. Das Mehl und das Backpulver mischen, sieben und abwechselnd mit der Milch unterrühren. Die Pflaumen und 50 g Haselnüsse unterheben.

3. Den Teig in eine gefettete Springform geben, glatt streichen und mit den restlichen Haselnüssen bestreuen. Im heißen Backofen ca. 55 Minuten goldbraun backen.

4. Den Kuchen in der Form etwas abkühlen lassen und mit Puderzucker bestäuben.

Schokoladenkuchen

Zutaten *für ca. 12 Stücke:*

200 g Bitterschokolade
2 Eier
100 ml Olivenöl *(z. B. von Bertolli)*
60 g Zucker
50 g Mehl
½ TL Backpulver
50 g gemahlene Mandeln
1 EL Kakaopulver

Außerdem:
Fett für die Form
Puderzucker zum Bestäuben

Zubereitung:

1. Die Schokolade fein hacken und im Wasserbad schmelzen. Die Eier trennen und die Eiweiße mit den Quirlen des Handrührgeräts steif schlagen. Den Backofen auf 180 °C (Umluft 160 °C) vorheizen.

2. Die Eigelbe, das Olivenöl und den Zucker mit den Quirlen des Handrührgeräts ca. 2 Minuten auf höchster Stufe verrühren. Das gesiebte Mehl, das Backpulver, die Mandeln und das Kakaopulver mischen und unterrühren.

3. Die geschmolzene Schokolade esslöffelweise unter den Teig rühren. Den Eischnee vorsichtig unterheben.

4. Den Teig in eine eingefettete Springform füllen und im heißen Backofen ca. 25 Minuten backen. Den fertigen Kuchen mit Puderzucker bestäuben.

Dazu passt ein Beerenpüree aus 300 g gemischten Beeren, die mit 100 g Puderzucker püriert und dann durch ein Sieb gestrichen werden.

Die Nüsse …

… können Sie an Ihren Geschmack anpassen: Nehmen Sie statt einer Nussmischung einfach die gleiche Menge Ihrer Lieblingsnuss oder Mandeln.

Nuss-Brownies
mit Kirschen

Zutaten *für ca. 20 Stück:*

100 g Nusskernmischung
200 g Zartbitterkuvertüre
1 Vanilleschote
100 g weiche Butter *(z. B. von Du darfst)*
70 g Zucker
1 Prise Salz
3 Eier
150 g Schattenmorellen (aus dem Glas)
100 g Mehl
1 ½ TL Backpulver

Außerdem:
Fett und Backpapier für die Form
1 Beutel (100 g) dunkle Kuchenglasur

Zubereitung:

1. Die Nusskernmischung grob hacken. Die Kuvertüre fein hacken und im Wasserbad schmelzen. Die Vanilleschote der Länge nach halbieren und das Mark herauskratzen.
2. Die Butter, den Zucker, das Vanillemark und das Salz mit den Quirlen des Handrührgerätes schaumig rühren, bis sich der Zucker aufgelöst hat. Die Eier nach und nach unterrühren. Den Backofen auf 175 °C (Umluft 155 °C) vorheizen.
3. Die flüssige, sehr warme Kuvertüre unter die Eiermasse rühren. Die Schattenmorellen abtropfen lassen und mit Küchenpapier trocken tupfen. Die Schattenmorellen und zwei Drittel der gehackten Nusskerne unterheben. Das Mehl sieben, mit dem Backpulver mischen und ebenfalls unterheben.
4. Den Teig in eine gefettete und mit Backpapier ausgelegte, rechteckige Backform (ca. 30 x 20 cm) oder in eine flache Auflaufform füllen.
5. Den Kuchen im heißen Backofen ca. 30 Minuten backen. Etwas abkühlen lassen, dann auf ein Kuchengitter stürzen und auskühlen lassen.
6. Die Kuchenglasur nach Packungsanweisung erwärmen und auf dem ausgekühlten Kuchen verteilen. Die Glasur etwas abkühlen lassen. Den Kuchen in ca. 20 Würfel schneiden und mit den restlichen Nusskernen bestreuen.

Bananenkuchen
mit Ingwer

Zutaten *für ca. 14 Stücke:*

200 g Bananen
40–50 g in Sirup eingelegter Ingwer
100 g weiche Butter
100 g Zucker
1 TL Bourbon-Vanillezucker
2 Eier
50 g feine Speisestärke *(z. B. von Mondamin)*
150 g Mehl
2 ½ gestrichene TL Backpulver

Außerdem:
Fett für die Form
Puderzucker zum Bestäuben

Zubereitung:

1. Die Bananen schälen und in kleine Würfel schneiden. Den Ingwer klein schneiden. Den Backofen auf 180 °C (Umluft 160 °C) vorheizen.

2. Die weiche Butter in eine Schüssel geben. Den Zucker, den Vanillezucker, die Eier, die Speisestärke, das gesiebte Mehl und das Backpulver dazugeben und alle Zutaten mit dem Handrührgerät auf der höchsten Stufe ca. 2 Minuten gut verrühren.

3. Zuletzt die Bananen und den Ingwer unter den Teig mischen.

4. Den Teig in eine eingefettete Kastenform (25 cm Länge) füllen und im heißen Backofen 1 Stunde 15 Minuten backen.

5. Den Bananenkuchen auf einen Kuchenrost geben und erkalten lassen. Den fertigen Kuchen mit Puderzucker bestäuben.

Marzipanrohmasse …

… besteht aus blanchierten, sehr fein geriebenen Mandeln. Erst durch das Unterkneten von Puderzucker wird daraus Marzipan, welches dann zu Formen und Figuren weiterverarbeitet werden kann. Mit Lebensmittelfarbe können Sie es auch bunt einfärben.

Nugatkuchen
mit Zimt

Zutaten für ca. 16 Stücke:

Für den Teig:
200 g Nussnugat
200 g Butter
2 Päckchen Vanillezucker
3–4 TL Zimt
3 Eier
250 g Mehl
2 TL Backpulver
4–5 EL Milch

Zum Verzieren:
2 EL Aprikosen-Fruchtaufstrich
(z. B. von Du darfst)
40 g Marzipanrohmasse
20 g Puderzucker

Außerdem:
Fett für die Form

Zubereitung:

1. Den Nussnugat in Stücke schneiden und leicht erwärmen. Die Butter in einer Schüssel cremig rühren. Nach und nach den Vanillezucker, den Zimt, die Eier und den Nussnugat unterrühren. Den Backofen auf 175 °C (Umluft 155 °C) vorheizen.

2. Das Mehl mit dem Backpulver mischen und sieben. Abwechselnd mit der Milch unter die Butter-Nugat-Masse rühren. Den Teig in eine eingefettete Kastenform (25 cm Länge) füllen.

3. Den Kuchen im heißen Backofen 40–50 Minuten backen. In den letzten 15–20 Minuten eventuell abdecken.

4. Den Kuchen 10 Minuten in der Form abkühlen lassen. Dann auf ein Kuchengitter stürzen und ganz auskühlen lassen. Den Kuchen mit dem Fruchtaufstrich bepinseln.

5. Die Marzipanrohmasse mit dem Puderzucker verkneten. Zwischen Frischhaltefolie ausrollen. Blätter ausstechen und mit einem Messerrücken einkerben.

6. Die Marzipanreste zusammenkneten und eine Kordel daraus formen. Den Kuchen mit den Marzipanblättern und der Kordel als Zweig verzieren.

Eierlikörkuchen
mit Schokotröpfchen

Zutaten *für ca. 15 Stücke:*

200 g Mehl
50 g Speisestärke
½ Päckchen Backpulver
125 g weiche Butter *(z. B. von Du darfst)*
100 g Zucker
2 Eier
50 ml Wasser mit Kohlensäure
100 ml Eierlikör
75 g Schokotröpfchen

Außerdem:
Fett für die Form

Zubereitung:

1. Das Mehl, die Speisestärke und das Backpulver miteinander vermischen und durch ein feines Sieb streichen. Den Backofen auf 175 °C (Umluft 155 °C) vorheizen.

2. Die Butter und den Zucker mit den Quirlen des Handrührgeräts cremig rühren, bis der Zucker sich aufgelöst hat. Die Eier nacheinander untermischen und die Masse schaumig rühren.

3. Das Wasser mit dem Eierlikör mischen. Abwechselnd mit der Mehlmischung zur Ei-Butter-Masse geben und alles gut verrühren. Die Schokotröpfchen untermischen.

4. Den Teig in eine gefettete Kastenform (20 cm) füllen und glatt streichen. Im heißen Backofen auf der mittleren Schiene ca. 1 Stunde backen.

5. Den fertigen Kuchen aus dem Backofen nehmen und 5 Minuten stehen lassen. Den Kuchen aus der Form stürzen und auskühlen lassen.

Schokotröpfchen sind in verschiedenen Ausführungen erhältlich: aus Vollmilch- oder aus Zartbitterschokolade. Statt Tröpfchen können Sie auch Schokoraspel untermischen.

Schokoladenkuchen

mit Birnen

Tipp

Birnen enthalten viel Kalium, Folsäure und B-Vitamine und sind nicht so sauer wie Äpfel. Verwenden Sie zum Backen saftige und reife Birnen, wie z. B. Abate Fetel, Williams Christ oder Butterbirnen.

Zutaten *für ca. 12 Stück:*

450 g Birnen
2 EL Zitronensaft
2 EL Ahornsirup
100 g Zartbitterschokolade
125 g Margarine
100 g Zucker
2 Eier
250 g Mehl
½ Päckchen Backpulver
150 ml süße Sahne *(z. B. Rama Cremefine zum Kochen)*

Außerdem:

Fett und Backpapier für die Form
2 EL Aprikosenkonfitüre

Zubereitung:

1. Die Birnen schälen, vierteln und das Kerngehäuse herausschneiden. Den Zitronensaft und den Ahornsirup miteinander verrühren und über die Birnen geben.

2. Die Birnen ca. 30 Minuten zum Marinieren in den Kühlschrank stellen.

3. Die Schokolade grob hacken, in einen Topf geben, bei kleiner Hitze schmelzen und abkühlen lassen. Den Backofen auf 175 °C (Umluft 155 °C) vorheizen.

4. In der Zwischenzeit Margarine und Zucker mit den Quirlen des Handrührgeräts cremig rühren. Die Eier nacheinander unter die Creme geben und die abgekühlte geschmolzene Schokolade unter die Eiercreme rühren.

5. Das Mehl und das Backpulver mischen und sieben. Die Mehlmischung und die Sahne abwechselnd unter die Schokoladencreme rühren.

6. Den Teig in eine eingefettete, mit Backpapier ausgelegte Springform füllen, glatt streichen und mit den Birnenvierteln belegen. Den Kuchen im heißen Backofen ca. 1 Stunde backen.

7. Die Aprikosenkonfitüre in einem kleinen Topf bei mittlerer Hitze flüssig werden lassen und den noch heißen Kuchen damit bestreichen. Den Kuchen in der Springform auskühlen lassen.

Gewürz-Honig-Kuchen

Zutaten *für ca. 15 Stücke:*

Für den Gewürzkuchenteig:
100 g Margarine
100 g Zucker
1 Päckchen Vanillezucker
2 Eier
180 g Mehl
1 TL Backpulver
½ TL Zimt
1 Msp. gemahlener Muskat
1 Msp. gemahlene Gewürznelken
1 Msp. gemahlener Kardamom
1 Msp. Ingwerpulver
2 EL Kakaopulver
4 EL Milch

Für den Honigkuchenteig:
150 g Honig
80 g Margarine *(z. B. von Sanella)*
70 g Zucker
2 EL Milch
2 Eier
½ TL Zimt
1 Msp. gemahlene Gewürznelken
1 Msp. gemahlener Kardamom
1 Päckchen geriebene Orangenschale
200 g Mehl
1 TL Backpulver

Für die Glasur:
150 g Schokoladenglasur

Außerdem:
Fett für die Form

Zubereitung:

1. Für den Gewürzkuchenteig die Margarine, den Zucker und den Vanillezucker mit den Quirlen des Handrührgeräts cremig rühren. Die Eier nacheinander dazugeben und unterrühren.

2. Das Mehl, das Backpulver, die Gewürze und den Kakao mischen, sieben und unterrühren, bis ein fester, glatter Teig entsteht. Zum Schluss die Milch löffelweise unterrühren, bis der Teig schwer reißend vom Löffel fällt. Den Backofen auf 175 °C (Umluft 155 °C) vorheizen.

3. Für den Honigkuchenteig den Honig in einem Topf unter Rühren heiß werden lassen. Die Margarine und den Zucker dazugeben, im heißen Honig auflösen und abkühlen lassen.

4. Die Honig-Margarine-Mischung in eine Schüssel geben, erst Milch und Eier, dann die Gewürze und die Orangenschale unterrühren. Das Mehl und das Backpulver mischen, sieben und unterrühren.

5. Beide Teige nacheinander in eine gefettete Kastenform geben und im heißen Backofen ca. 1 Stunde auf der untersten Schiene backen.

6. Den Kuchen abkühlen lassen und aus der Form stürzen. Die Glasur nach Packungsanleitung zubereiten und den Kuchen damit überziehen.

Honig gibt es in verschiedenen Geschmacksrichtungen in flüssiger, cremiger oder fester Form. Zum Backen eignet sich am besten ein flüssiger Blütenhonig.

Mehr Aroma …

… bekommt die Glasur, wenn Sie noch etwas eingekochten Orangensaft hineingeben.

Nugat-Grieß-Kuchen
mit Apfel-Raspeln

Zutaten *für ca. 20 Stücke:*

250 g Butter
200 g Zucker
4 Eier
1 EL Vanillezucker
1 Prise Salz
200 g Weichweizengrieß
(z. B. von Goldpuder)
50 ml Milch
½ Päckchen Backpulver

150 g säuerliche Äpfel
150 g gehackte Haselnüsse
100 g Nugat
100 g Vollmilchkuvertüre

Außerdem:
Backpapier oder Alufolie für die Form

Zubereitung:

1. Den Backofen auf 200 °C (Umluft 180 °C) vorheizen.
2. Die Butter, den Zucker und die Eier schaumig rühren. Den Vanillezucker, das Salz, den Grieß, die Milch und das Backpulver unterrühren.
3. Die Äpfel schälen, das Kerngehäuse entfernen, das Fruchtfleisch raspeln, abtropfen lassen und mit 100 g Haselnüssen unter den Teig rühren.
4. Den Nugat ebenfalls fein würfeln und unter den Teig heben. Eine Kastenform mit Backpapier oder Alufolie auslegen, den Teig einfüllen und im heißen Backofen ca. 1 Stunde backen.
5. Den Kuchen auskühlen lassen und stürzen. Die Kuvertüre in einem Wasserbad erhitzen. Den Kuchen damit verzieren und mit den restlichen Haselnüssen bestreuen.

Grieß ist als Weich- und als Hartweizengrieß erhältlich. Weichweizengrieß eignet sich für Süßspeisen und Backwaren, Hartweizengrieß wird wegen seiner festeren und körnigeren Beschaffenheit für Pasta oder pikante Backwaren bevorzugt.

Ostmann

Mini-Gugelhupf mit Glühwein

Zutaten *für ca. 6 Stück:*

125 ml Rotwein
1 Zimtstange
4 Gewürznelken *(z. B. von Ostmann)*
je 1 Stück unbehandelte Zitronen- und Orangenschale
220 g Zucker
100 g Zartbitterschokolade
250 g Butter
5 Eier
Zimt
250 g Mehl
1 TL Backpulver

Außerdem:
Fett für die Formen
Puderzucker zum Bestäuben

Zubereitung:

1. Den Rotwein mit der Zimtstange, den Gewürznelken, der Zitronen- und Orangenschale sowie 1 EL Zucker erhitzen, aber nicht kochen lassen. Zum Abkühlen beiseitestellen. Den Glühwein durch ein Sieb geben. Die Zartbitterschokolade fein reiben.

2. Die Butter mit der Hälfte des restlichen Zuckers schaumig schlagen. Die Eier trennen, die Eigelbe, 1 Prise Zimt, die geriebene Schokolade und den Glühwein unterrühren. Den Backofen auf 175 °C (Umluft 155 °C) vorheizen.

3. Die Eiweiße steif schlagen und den restlichen Zucker einrieseln lassen. Den Eischnee auf die Butter-Glühwein-Mischung geben.

4. Das Mehl und das Backpulver darübersieben und mit einem Schneebesen locker vermengen. Sechs gefettete Mini-Gugelhupfformen zu zwei Dritteln mit dem Teig befüllen und im heißen Backofen ca. 25 Minuten backen.

5. Die Kuchen ca. 5 Minuten abkühlen lassen, aus den Formen lösen und mit Puderzucker bestäuben.

Dazu schmecken in Rotwein eingelegte Zwetschgen und Zimtsahne sehr gut!

Fruchtiger Pflaumen-Gugelhupf

Zutaten *für ca. 16 Stücke:*

500 g Pflaumen
250 g Margarine
250 g Zucker
1 Päckchen Vanillezucker
1 TL Zimt
4 Eier
300 g Mehl
1 Päckchen Backpulver
100 ml Milch
1 Prise Salz
250 g Sahne mit Vanillegeschmack *(z. B. Rama Cremefine Vanilla)*

Außerdem:
Fett und Semmelbrösel für die Form

Zubereitung:

1. Die Pflaumen waschen, trocken reiben, halbieren und entsteinen. Den Backofen auf 175 °C (Umluft 155 °C) vorheizen.

2. Die Margarine mit dem Zucker, dem Vanillezucker und dem Zimt mit den Quirlen des Handrührgeräts cremig rühren. Die Eier trennen, die Eigelbe einzeln unterrühren. Das Mehl mit dem Backpulver mischen, sieben und esslöffelweise abwechselnd mit der Milch unter die Creme rühren.

3. Die Eiweiße mit dem Salz steif schlagen und unter den Teig heben. Zwei Drittel des Teigs in eine eingefettete und mit Semmelbröseln ausgestreute Gugelhupfform füllen.

4. Die Hälfte der Pflaumen auf den Teig legen, mit dem restlichen Teig bedecken und die restlichen Pflaumen vorsichtig in den Teig drücken.

5. Den Kuchen im heißen Backofen ca. 1 Stunde backen.

6. Die Sahne in einem Topf erwärmen und zu dem leicht ausgekühlten Gugelhupf reichen.

Statt der Sahne können Sie auch eine Vanillesoße zubereiten: Dafür bringen Sie einen halben Liter Milch zum Kochen und rühren ein Päckchen Vanillesoße hinein. Beachten Sie dabei die Packungsanleitung.

Marzipan-Gugelhupf mit dreierlei Nüssen

Zubereitung:

1. Die Haselnüsse, die Mandeln und die Walnüsse in einer Pfanne ohne Fett rösten, abkühlen lassen und grob hacken.

2. Den Backofen auf 180 °C (Umluft 160 °C) vorheizen.

3. Die Butter und den Zucker schaumig rühren, die Eier nacheinander dazugeben und unterrühren.

4. Die Marzipanrohmasse in kleine Würfel schneiden und mit dem gesiebten Mehl, dem Backpulver, dem Vanillezucker, dem Zitronensaft und der Zitronenschale zur Eimischung hinzufügen und unterrühren. Die Nüsse dazugeben und untermischen.

5. Den Teig in eine gefettete Gugelhupfform geben und im heißen Backofen ca. 1 Stunde 20 Minuten backen.

6. Den abgekühlten Marzipan-Gugelhupf mit Puderzucker bestäuben und servieren.

Zutaten *für ca. 20 Stücke:*

125 g Haselnüsse
125 g geschälte Mandeln
150 g Walnüsse
250 g weiche Butter
225 g brauner Zucker
5 Eier
150 g Marzipanrohmasse
375 g Mehl Type 405
(z. B. von Goldpuder)
1 Päckchen Backpulver
1 Päckchen Vanillezucker
Saft und Schale von
1 unbehandelten Zitrone

Außerdem:
Fett für die Form
Puderzucker zum Bestäuben

Zutaten *für ca. 12 Stücke:*

Für den Teig:
250 g Mehl
150 g Zucker
2 TL Backpulver
1 Beutel Würzmischung für Muffins *(z. B. von Fuchs)*
2 Eier
150 ml Milch
70 g zerlassene Butter
500 g Blaubeeren

Für den Vanilleschaum:
250 ml Milch
1 Ei
1 EL Zucker
2 Päckchen Bourbon-Vanillezucker
1 EL Speisestärke

Außerdem:
Fett für die Form

Zubereitung:

1. Den Backofen auf 200 °C (Umluft 180 °C) vorheizen.

2. Das gesiebte Mehl, den Zucker, das Backpulver und die Würzmischung in einer Schüssel mischen. Die Eier, die Milch und die Butter dazugeben und alle Zutaten mit einem Löffel zu einem glatten Teig verrühren. Den Teig in eine eingefettete Springform (26 cm Durchmesser) geben.

3. Die Blaubeeren verlesen, waschen und trocken tupfen. Auf dem Teig verteilen. Den Kuchen im heißen Ofen 30–40 Minuten goldbraun backen, anschließend auf einem Gitter auskühlen lassen und mit Puderzucker bestäuben.

4. Für den Vanilleschaum die Milch, das Ei, den Zucker, den Vanillezucker und die Speisestärke im heißen Wasserbad schaumig aufschlagen. Lauwarm zum Blaubeer-Kuchen servieren.

Finnischer
Blaubeer-Kuchen

Zutaten *für ca. 16 Stücke:*

150 g Zartbitterkuvertüre
125 ml süße Sahne
5 Eier
50 g Puderzucker
250 g Margarine *(z. B. von Rama)*
100 g Zucker
1 Päckchen Vanillezucker

1 Prise Salz
2 Päckchen geriebene Orangenschale
1 TL Lebkuchengewürz
200 g Mehl
30 g Speisestärke
½ Päckchen Backpulver
50 g gehackte Mandeln

Außerdem:
Fett und Semmelbrösel für die Form
2 EL Puderzucker zum Bestäuben

Marmor-Gugelhupf

Zubereitung:

1. Die Kuvertüre grob hacken, mit der Sahne in einen Topf geben und bei schwacher Hitze schmelzen. Etwas abkühlen lassen. Die Eier trennen, die Eiweiße und den Puderzucker zu steifem Eischnee schlagen.

2. Die Margarine mit dem Zucker, dem Vanillezucker, dem Salz, der Orangenschale und dem Lebkuchengewürz mit den Quirlen des Handrührgeräts cremig rühren. Den Backofen auf 175 °C (Umluft 155 °C) vorheizen.

3. Die Eigelbe nacheinander hinzufügen und unter die Creme rühren. Das Mehl, die Speisestärke und das Backpulver mischen, sieben und löffelweise unter die Creme rühren.

4. Den Teig halbieren und in eine Hälfte des Teigs die geschmolzene Kuvertüre rühren. In die andere Hälfte die gehackten Mandeln rühren.

5. Den Eischnee halbieren und je eine Hälfte vorsichtig unter jeden Teig ziehen. Die Teige abwechselnd in die gefettete, mit Semmelbröseln ausgestreute Form füllen und im heißen Backofen ca. 1 Stunde backen.

6. Den fertigen Kuchen ca. 10 Minuten in der Form ruhen lassen, dann zum Auskühlen auf ein Kuchengitter stürzen. Den ausgekühlten Gugelhupf mit Puderzucker bestäuben und servieren.

Bananenkuchen mit Cornflakes

Zutaten *für ca. 20 Stücke:*

100 g Nuss-Nugat-Creme
100 g Margarine
100 g Zucker
2 Eier
250 g Mehl
2 EL Backpulver
2 EL Kakaopulver
200 ml Milch
50 g Bananenchips
2 Bananen

Für den Guss:
80 g Zucker
2 EL Honig
100 ml süße Sahne
(z. B. Rama Cremefine)
30 g Cornflakes

Außerdem:
Fett für die Form

Zubereitung:

1. Die Nuss-Nugat-Creme mit der Margarine, dem Zucker und den Eiern mit den Quirlen des Handrührgeräts cremig schlagen. Den Backofen auf 175 °C (Umluft 155 °C) vorheizen.

2. Das gesiebte Mehl mit dem Backpulver und dem Kakao mischen und abwechselnd mit der Milch zur Nugat-Margarine-Creme geben. Alle Zutaten zu einem geschmeidigen Teig verrühren.

3. Die Bananenchips in einen Gefrierbeutel geben, mit einem Nudelholz zerkleinern und unter den Teig rühren. Den Teig in eine gefettete Kastenform füllen. Die Bananen schälen, auf den Teig legen und ca. 2 cm in den Teig eindrücken.

4. Den Kuchen im heißen Backofen ca. 1 Stunde backen, auf einem Gitterrost vollständig auskühlen lassen und auf einen Teller stürzen.

5. Für den Guss den Zucker und den Honig in einer Pfanne schmelzen. Wenn er leicht braun wird, die Sahne dazugießen und bei mittlerer Hitze einkochen, bis die Zuckermasse dick wird.

6. Die Cornflakes vorsichtig unterrühren und den Guss zügig auf dem Kuchen verteilen.

Karottenkuchen

Zutaten *für ca. 12 Stücke:*

300 g Möhren
200 g Butter
300 g Zucker
½ TL Zimt
2 Msp. gemahlene Gewürznelken
1 Prise Salz
4 Eier
300 g Vollkornweizenmehl *(z. B. von Goldpuder)*
1 Päckchen Backpulver
250 g gemahlene Mandeln

Außerdem:
Fett und Semmelbrösel für die Form
weiße Kuvertüre und kleine Möhrchen zum Verzieren

Zubereitung:

1. Den Backofen auf 180 °C (Umluft 160 °C) vorheizen.
2. Die Möhren schälen, putzen und fein raspeln. Die Butter mit dem Zucker, dem Zimt, den Nelken und dem Salz schaumig schlagen, die Eier dazugeben und das Ganze verrühren.
3. Das gesiebte Mehl mit dem Backpulver mischen und nach und nach untermischen. Die Möhren und die gemahlenen Mandeln unter den Teig rühren.
4. Eine Springform (26 cm Durchmesser) einfetten und mit Semmelbröseln ausstreuen. Den Teig einfüllen und im heißen Backofen ca. 1 Stunde backen.
5. Den Kuchen mit einem spitzen Messer vom Formrand lösen, stürzen und auskühlen lassen. Den Kuchen mit weißer Kuvertüre und kleinen Möhrchen verzieren.

Tipp

Mit Vanillesoße oder Schlagsahne servieren. Die Rosinen können Sie auch durch Mandelsplitter ersetzen.

Apfel-Rosinen-Kuchen

Zutaten *für ca. 12 Stücke:*

75 g Rosinen
5 EL Traubensaft
4 Äpfel
4 EL Zitronensaft
125 g Margarine
(z. B. von Rama)
150 g Zucker
2 Eier
1 Prise Salz
200 g Mehl
½ Päckchen Backpulver
1 TL Zimt

Außerdem:
Fett und Mehl für die Form

Zubereitung:

1. Die Rosinen waschen, trocken tupfen und im Traubensaft einweichen. Die Äpfel schälen, halbieren und das Kerngehäuse entfernen.

2. Die Apfelhälften vorsichtig so einschneiden, dass sie in der Mitte noch zusammenhängen. Die Äpfel mit 2 EL Zitronensaft beträufeln. Den Backofen auf 175 °C (Umluft 155 °C) vorheizen.

3. Die Margarine und 125 g Zucker bei kleiner Hitze erwärmen, bis der Zucker sich aufgelöst hat, dann mit den Quirlen eines Handrührgeräts cremig rühren. Die Eier trennen und die Eiweiße mit dem Salz zu Eischnee schlagen.

4. Die Eigelbe und den restlichen Zitronensaft mit einem Schneebesen in die Margarinecreme rühren. Das Mehl mit dem Backpulver mischen, sieben und zusammen mit dem Eischnee sowie den Rosinen unterrühren.

5. Den Teig in eine eingefettete und mit Mehl bestäubte Backform geben. Die Apfelhälften etwas flach drücken und auf dem Teig verteilen.

6. Den restlichen Zucker mit dem Zimt mischen und über die Äpfel streuen. Den Apfel-Rosinen-Kuchen im heißen Backofen ca. 30 Minuten backen.

Limetten-Gugelhupf
mit Pistazien-Stückchen

Zutaten *für ca. 16 Stücke:*

250 g Margarine *(z. B. von Rama)*
250 g Zucker
1 Päckchen Vanillezucker
5 Eier
500 g Mehl
1 Päckchen Backpulver
100 ml Limettensaft
50 g gehackte Pistazien

Zum Tränken:
75 ml Limettensaft
4 EL Puderzucker

Für den Guss:
200 g Puderzucker
2–3 EL Limettensaft

Außerdem:
Fett für die Form

Zubereitung:

1. Den Backofen auf 175 °C (Umluft 155 °C) vorheizen. Die weiche Margarine, den Zucker und den Vanillezucker mit den Quirlen des Handrührgeräts cremig rühren. Nacheinander die Eier dazugeben und unterrühren.

2. Das Mehl und das Backpulver mischen, sieben und abwechselnd mit dem Limettensaft unterrühren. Die Pistazien unterheben. Den Teig in eine gefettete Form füllen und glatt streichen.

3. Den Gugelhupf im heißen Backofen auf der 2. Einschubleiste von unten ca. 1 Stunde und 15 Minuten backen.

4. Den Limettensaft mit dem Puderzucker verrühren, den Kuchen nach dem Backen ein paar Mal mit einem Holzstäbchen einstechen und den Gugelhupf mit dem Limettensaft tränken.

5. 10 Minuten in der Form stehen lassen, dann aus der Form lösen und auf einem Kuchengitter auskühlen lassen. Für den Guss den Puderzucker mit dem Limettensaft zu einem zähen Guss rühren und den Gugelhupf damit überziehen.

Limetten-Gugelhupf mit Pistazien-Stückchen

Erdbeer-Biskuitrolle

Zubereitung:

1. Den Backofen auf 200 °C (Umluft 180 °C) vorheizen. Ein Backblech mit Backpapier auslegen.

2. Für den Biskuit die Eier trennen. Die Eiweiße mit dem Salz steif schlagen, dabei 75 g Zucker einrieseln lassen und 3 Minuten weiterschlagen, bis ein cremig-fester Eischnee entsteht. Die Eigelbe nur kurz unterrühren.

3. Das Mehl, die Speisestärke und das Backpulver vermischen und daraufsieben. Mit einem Schneebesen gründlich aber behutsam unterheben. Masse auf das Backlech streichen.

4. Im vorgeheizten Backofen auf der 2. Schiene von unten ca. 8 Min. backen. Ein sauberes Geschirrtuch mit etwas Zucker bestreuen. Den Biskuitboden vom Blech nehmen und mit dem Papier nach oben auf das Tuch legen. Das Backpapier mit etwas Wasser einpinseln und vorsichtig abziehen. Den Biskuit mit dem Tuch aufrollen und beiseitestellen.

5. Für die Füllung die Erdbeeren waschen, putzen und würfeln. Das Götterspeisenpulver, den restlichen Zucker und 150 ml kaltes Wasser in einen Topf geben und gründlich verrühren. Bei mittlerer Hitze (nicht kochen!) unter Rühren erwärmen, bis sich das Pulver aufgelöst hat. Vom Herd nehmen und die Flüssigkeit ca. 10 Minuten abkühlen lassen.

6. Den Quark unterrühren, die Sahne steif schlagen und mit den Erdbeeren unter die Quarkcreme heben.

7. Den Biskuit wieder entrollen. Die Quarkcreme auf den Biskuit streichen, dabei an der oberen, langen Kante einen Rand von 2 cm Breite lassen. Die Biskuitrolle mit Hilfe des Küchentuchs der Breite nach aufrollen.

8. Mindestens 2 Stunden kalt stellen und mit Puderzucker bestäubt servieren.

Zutaten *für ca. 10 Stücke:*

4 Eier
1 Prise Salz
175 g Zucker
70 g Mehl
30 g Speisestärke

2 Msp. Backpulver
250 g Erdbeeren
1 Beutel Zitronen-Götterspeise
250 g Magerquark
250 ml süße Sahne *(z. B. Rama Cremefine)*

Außerdem:
Puderzucker zum Bestäuben

Die Schlitten …

… können natürlich auch statt mit Aprikosenmarmelade mit Erdbeer-, Himbeer- oder Orangenmarmelade bestrichen werden.

Winterliche Aprikosen-Schlitten

Zutaten *für 10 Stück:*

Für den Teig:
6 Eier
175 g Zucker
150 g Mehl
90 g Butter
1 Prise Salz

Für die Füllung:
Aprikosenmarmelade

Für die Dekoration:
Lakritz
Schokoröllchen
Puderzucker

Zubereitung:

1. Die Eier trennen und das Eiweiß mit dem Salz zu steifem Schnee schlagen. Die Butter in einem Topf schmelzen und vom Herd nehmen. Die Eigelbe mit dem Zucker im heißen Wasserbad cremig aufschlagen.

2. Die Eimasse aus dem Wasserbad nehmen, das Mehl darüber sieben, die Butter dazugeben und alles miteinander vermischen. Den Eischnee unterheben. Den Teig auf ein mit Backpapier ausgelegtes Backblech streichen, im vorgeheizten Backofen bei 180 °C (Umluft 160 °C) ca. 20 Minuten backen.

3. Den Biskuit auf ein mit Puderzucker bestreutes Tuch stürzen, das Backpapier ablösen, den Kuchen von zwei Seiten zusammenrollen und auskühlen lassen.

4. Nach dem Abkühlen den Kuchen ausrollen, mit Aprikosenmarmelade bestreichen und wieder zusammenrollen. In ca. 5 cm breite Stücke schneiden und diese mit Lakritz, Schokoröllchen und Puderzucker jeweils zu einem Schlitten dekorieren.

Mandarinentorte
mit Schmandcreme

Zutaten *für ca. 16 Stücke:*

Für den Teig:
5 Eier
175 g Zucker
1 Päckchen Vanillezucker
1 Prise Salz
200 g Weizenmehl Type 405
(z. B. von Goldpuder)
1 TL Backpulver
100 g Himbeerkonfitüre

Für die Creme:
250 g Schmand
1 Päckchen Orangenaroma
600 ml süße Sahne
2 Päckchen Sahnesteif
2 Dosen Mandarinen (à 315 ml)

Für die Verzierung:
200 ml süße Sahne
1 Päckchen Sahnesteif
75 g Haselnusskrokant

Außerdem:
Fett für die Form

Zubereitung:

1. Den Backofen auf 180 °C (Umluft 160 °C) vorheizen.
2. Für den Teig die Eier, den Zucker, den Vanillezucker, das Salz und 6 EL lauwarmes Wasser ca. 7 Minuten dickschaumig aufschlagen. Das gesiebte Mehl mit dem Backpulver mischen und vorsichtig unterheben.
3. Den Teig in eine gefettete Springform (26 cm Durchmesser) füllen und im heißen Backofen 25–30 Minuten backen.
4. Den Teigboden auskühlen lassen. Die Himbeerkonfitüre erhitzen. Den Teigboden quer halbieren und den unteren Boden mit der Himbeerkonfitüre bestreichen.
5. Für die Creme Schmand und Orangenaroma vermischen, die Sahne mit dem Sahnesteif steif schlagen und unterheben. Die Mandarinen abtropfen lassen und die Hälfte unter die Schmandcreme ziehen.
6. Den bestrichenen Teigboden auf eine Tortenplatte setzen, einen Tortenring darumlegen und die Hälfte der Schmandcreme daraufstreichen. Den zweiten Boden daraufsetzen, die restliche Creme darauf verteilen, glatt streichen und die Torte ca. 2 Stunden kühl stellen.
7. Für die Verzierung die Sahne mit dem Sahnesteif steif schlagen, die Torte damit bestreichen und den Rand mit dem Haselnusskrokant bestreuen.
8. Die Mandarinentorte mit den restlichen Mandarinen verziert servieren.

Frischkäse-Torte
à la Tiramisu

Zutaten *für ca. 12 Stücke:*

150 g Löffelbiskuits
50 ml Kaffeelikör
100 ml kalter Espresso
150 g weiße Kuvertüre
4 Blatt Gelatine
600 g Frischkäse *(z. B. von Brunch)*
50 ml Marsala
30 g Zucker

Für die Verzierung:
2 EL Kakaopulver

Zubereitung:

1. Die Löffelbiskuits in eine Springform legen. Den Kaffeelikör mit dem Espresso verrühren und die Biskuits damit beträufeln.

2. Die Kuvertüre im Wasserbad schmelzen und etwas abkühlen lassen. Die Gelatine in wenig kaltem Wasser einweichen.

3. Den Frischkäse, den Marsala, die Kuvertüre und den Zucker schaumig rühren.

4. Die ausgedrückte Gelatine in einen Topf geben und vorsichtig erwärmen, bis sie sich auflöst. Den Topf vom Herd nehmen, etwas Frischkäsemischung dazugeben und gut verrühren. Dann die angerührte Gelatine zur Frischkäsemasse geben und mit einem Schneebesen gut unterheben.

5. Die Frischkäsemasse auf den Löffelbiskuits verteilen und glatt streichen. Die Torte ca. 2 Stunden in den Kühlschrank stellen.

6. Mit Kakaopulver leicht bestäuben und servieren.

Löffelbiskuits nennt man in Frankreich „Katzenzunge" und in Österreich „Biskotte". Sie bestehen aus einem leichten Biskuitteig, der mit Zucker bestreut wird. Durch ihre poröse Beschaffenheit sind sie ideal, um Flüssigkeiten aufzunehmen.

Sahnige
Schoko-Charlotte

Zubereitung:

1. Den Backofen auf 200 °C (Umluft 180 °C) vorheizen. Die Eier trennen und die Eigelbe zusammen mit dem Zucker und 3 EL Wasser cremig aufschlagen.

2. Die Eiweiße steif schlagen. Das Mehl mit der Speisestärke und dem Kakaopulver mischen, durchsieben, unter die Eigelbmasse rühren und den Eischnee vorsichtig unterheben.

3. Den Teig auf 2 mit Backpapier ausgelegte Bleche verteilen, je Blech ca. 10 Minuten backen und auf ein feuchtes Handtuch stürzen.

4. Die Nuss-Nugat-Creme im heißen Wasserbad erhitzen, die 2 Biskuitböden sofort damit bestreichen und aufrollen.

5. Eine Schüssel (24 cm Durchmesser) mit Frischhaltefolie auslegen, die Biskuitrollen in ca. 1 cm dicke Scheiben schneiden und die Schüssel damit auslegen, ca. 5 Scheiben zurückbehalten.

6. Für die Füllung die Sahne steif schlagen, die beiden Kuvertüren unter Rühren nach Packungsanweisung getrennt in heißen Wasserbädern schmelzen und die Gelatine nach Packungsanweisung in kaltem Wasser einweichen und auflösen.

7. Die Hälfte der Sahne mit der geschmolzenen weißen Kuvertüre mischen und 2 EL der aufgelösten Gelatine hineinrühren. Die restliche Sahne und Gelatine mit der geschmolzenen Halbbitterkuvertüre mischen und die dunkle Mousse in die Schüssel auf die Biskuitscheiben geben.

8. Die weiße Mousse hinzufügen und eine Gabel spiralförmig durch die beiden Moussesorten ziehen. Die Charlotte mit den zurückbehaltenen Biskuitscheiben belegen und ca. 3 Stunden kalt stellen. Die Charlotte stürzen und mit Puderzucker sowie Schokoröllchen verzieren.

Zutaten *für ca. 12 Stücke:*

Für den Biskuitteig:
6 Eier
125 g Zucker
100 g Dinkelmehl Type 630
(z. B. von Goldpuder)
75 g Speisestärke
3 EL Kakaopulver
200 g Nuss-Nugat-Creme

Für die Füllung:
600 ml süße Sahne
200 g weiße Kuvertüre
200 g Halbbitterkuvertüre
6 Blatt Gelatine

Für die Verzierung:
Puderzucker zum Bestäuben
Schokoröllchen

Zutaten *für ca. 12 Stücke:*

Für den Teig:
150 g Instantmehl Type 405
(z. B. von Goldpuder)
1 TL Backpulver
4 Eier
90 g Zucker
1 Päckchen Vanillezucker
220 g Aprikosenkonfitüre

Für die Creme:
6 Blatt weiße Gelatine
450 g Aprikosen (aus der Dose)
500 g Mascarpone
150 g Naturjoghurt
10 EL Eierlikör
75 g Zucker

Für die Verzierung:
100 ml süße Sahne
2 EL gehackte Pistazien
Waffeleier

Aprikosen-Charlotte

mit Mascarpone-Creme

Zubereitung:

1. Den Backofen auf 200 °C (Umluft 180 °C) vorheizen.

2. Das Mehl sieben und mit dem Backpulver vermischen. Die Eier trennen, die Eiweiße steif schlagen, dabei 75 g Zucker und den Vanillezucker einrieseln lassen. Die Eigelbe und die Mehlmischung nacheinander unterheben.

3. Den Teig auf ein mit Backpapier belegtes Backblech streichen und im heißen Backofen 15–20 Minuten backen. Die Konfitüre erhitzen. Den restlichen Zucker auf ein sauberes Küchentuch streuen, den Teigboden sofort darauf stürzen und das Backpapier abziehen.

4. Den Tortenboden sofort mit der Konfitüre bestreichen, mithilfe des Küchentuchs längs aufrollen und abkühlen lassen. Die abgekühlte Biskuitrolle in ca. 1 cm dicke Scheiben schneiden. Den Boden und den Rand einer Springform (26 cm Durchmesser) damit auslegen.

5. Für die Creme die Gelatine in wenig kaltem Wasser einweichen und dann nach Packungsanweisung auflösen. Die Aprikosen abtropfen lassen, den Saft dabei auffangen und 175 ml Saft abmessen. 6 Aprikosen in Spalten schneiden und den Rest würfeln.

6. Den Mascarpone mit dem Joghurt, dem Eierlikör, dem Zucker und dem Aprikosensaft verrühren. Die Gelatine unter die Masse rühren, die Aprikosenwürfel unterheben und in die Form füllen. Die Torte ca. 4 Stunden kühl stellen.

7. Die Sahne steif schlagen, in einen Spritzbeutel füllen und Sahnetupfen auf den Tortenrand setzen. Die Torte mit den Aprikosenspalten, den gehackten Pistazien und mit Waffeleiern verzieren.

Feigen-Torte
mit Quark-Sahne

Zutaten *für ca. 12 Stücke:*

Für den Teig:

80 g getrocknete Feigen
100 g Margarine *(z. B. von Sanella)*
100 g Zucker
1 Päckchen Vanillezucker
2 Eier
125 g Mehl
1 TL Backpulver

Für den Belag:

250 g Quark
250 ml süße Sahne
80 g Puderzucker
4 EL Zitronensaft
2 Päckchen Vanillezucker
5 frische Feigen

Zubereitung:

1. Für den Teig die getrockneten Feigen grob hacken. Die Margarine, den Zucker und den Vanillezucker mit den Quirlen des Handrührgerätes cremig rühren. Die Eier nach und nach untermischen. Den Backofen auf 200 °C (Umluft 180 °C) vorheizen.

2. Das Mehl mit dem Backpulver mischen, sieben und unterrühren. Die zerkleinerten Feigen unterheben. Den Teig in eine mit Backpapier ausgelegte Springform füllen und glatt streichen.

3. Den Teig im heißen Backofen ca. 15 Minuten backen. Den Springformrand lösen und den Tortenboden auskühlen lassen.

4. Für den Belag den Quark, die Sahne, den Puderzucker, den Zitronensaft und den Vanillezucker zu einer Creme verrühren. 3 frische Feigen waschen, trocken tupfen und in je acht Scheiben schneiden.

5. Den Springformrand wieder um den Tortenboden legen. Die Hälfte der Creme auf den Boden geben und die Feigenscheiben darauf verteilen. Die restliche Creme darübergeben und glatt streichen.

6. Im Kühlschrank ca. 2 Stunden fest werden lassen. Die restlichen Feigen waschen, trocken tupfen und in sehr dünne Scheiben schneiden. Die Torte kurz vor dem Servieren mit den Feigenscheiben verzieren.

Tipp

Damit die Feigen auf der Torte nicht anlaufen, wenn sie länger steht, bestreichen Sie die Feigen einfach mit etwas Tortenguss.

Aus der ausgekratzten Vanilleschote können Sie ganz einfach Vanillezucker herstellen: Legen Sie die Schote in ein verschließbares Gefäß und bedecken Sie sie mit Zucker. Schon nach wenigen Tagen hat die Vanilleschote ihr Aroma an den Zucker abgegeben!

Grießbrei-Torte
mit Waldbeeren

Zutaten *für ca. 8 Stücke:*

200 g Grießbrei
400 ml Milch
6 Blatt Gelatine
½ Vanilleschote
200 ml süße Sahne *(z. B. Rama Cremefine)*
¼ TL Zimt
75 g Margarine
50 g Zwieback
250 g Heidelbeeren
250 g Himbeeren
1 Päckchen roter Tortenguss
250 ml Kirschsaft
2 EL Zucker

Zubereitung:

1. Den Grießbrei nach Packungsanweisung zubereiten, jedoch nur mit 400 ml (statt 500 ml) Milch. Die Gelatine in wenig kaltem Wasser einweichen, ausdrücken und unter Rühren im noch warmen Grießbrei auflösen.

2. Die halbe Vanilleschote der Länge nach aufschneiden und das Mark herauskratzen. Die Sahne mit dem Zimt und dem Vanillemark steif schlagen und unter den Grießbrei heben.

3. Die Margarine schmelzen. Den Zwieback fein mahlen und mit der geschmolzenen Margarine vermischen. Die Masse auf dem Boden einer mit Backpapier ausgelegten Springform verteilen und mit den Fingern festdrücken. Den Sahne-Grießbrei daraufgeben und ca. 2 Stunden kalt stellen.

4. Die Beeren verlesen, vorsichtig waschen und trocken tupfen. Den Tortenguss nach Packungsanweisung mit Kirschsaft zubereiten und den Zucker darin auflösen. Die Beeren vorsichtig unterheben, anschließend auf den Grießbrei geben und die Torte nochmals ca. 2 Stunden kühlen.

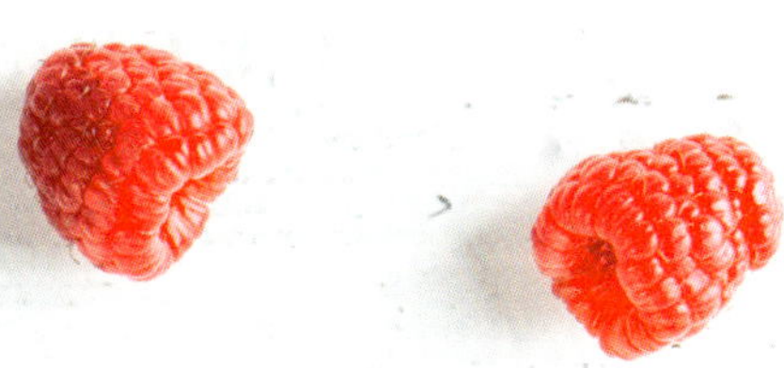

Maronen-Torte
mit Sauerkirschen

Zutaten *für ca. 16 Stücke:*

175 g Margarine
175 g Zucker
1 Prise Salz
5 Eier
175 g Mehl
½ Päckchen Backpulver
1–2 EL Kakaopulver
250 g Maronen (vakuumverpackt)

Für die Füllung:
350 g Sauerkirschen (aus dem Glas)
4 EL Zucker
2 EL Speisestärke
500 ml süße Sahne *(z. B. Rama Cremefine)*

Außerdem:
Fett für die Form
gehackte Pistazien und Schokoladenraspel

Zubereitung:

1. Die Margarine mit 150 g Zucker und dem Salz mit den Quirlen eines Handrührgerätes cremig rühren. Die Eier trennen und die Eigelbe nacheinander unterrühren. Die Eiweiße steif schlagen und dabei den restlichen Zucker nach und nach dazugeben.

2. Den Backofen auf 180 °C (Umluft 160 °C) vorheizen. Das Mehl mit dem Backpulver und dem Kakaopulver vermischen, sieben und löffelweise unter den Teig heben. Die Maronen grob hacken und mit dem Eischnee unter den Teig heben.

3. Den Teig in eine gefettete Springform (26 cm Durchmesser) füllen, glatt streichen und im heißen Backofen ca. 45 Minuten backen. Anschließend den Tortenboden aus der Form nehmen und abkühlen lassen.

4. In der Zwischenzeit für die Füllung die Kirschen auf einem Sieb abtropfen lassen, dabei 100 ml Saft auffangen. 75 ml Kirschsaft mit 3 EL Zucker aufkochen. Die Speisestärke mit dem restlichen Kirschsaft verrühren und mit einem Schneebesen in den kochenden Kirschsaft rühren, die Mischung einmal aufkochen. Die Kirschen dazugeben, vorsichtig unterheben, den Topf vom Herd nehmen und das Kirschkompott abkühlen lassen.

5. Die Sahne mit den Quirlen des Handrührgerätes steif schlagen, dabei den restlichen Zucker einrieseln lassen.

6. Den Tortenboden einmal quer durchschneiden. Die untere Tortenbodenhälfte zuerst mit zwei Dritteln der Sahne und dann mit dem Kirschkompott bestreichen, die obere Tortenbodenhälfte daraufsetzen und leicht andrücken.

7. Die Torte rundum mit der restlichen Sahne bestreichen. Mit Pistazien bestreuen und mit Schokoladenraspeln verzieren. Vor dem Servieren für eine Stunde kaltstellen.

Maronen …

… sind Esskastanien, die sowohl in süßen als auch in herzhaften Speisen verarbeitet werden können. Früher wurden sie getrocknet und gemahlen als Mehlersatz verwendet.

Maronen-Torte mit Sauerkirschen

Apfel-Mandel-Torte
mit Joghurt-Creme

Zubereitung:

1. Für den Teig die Eier trennen und die Eiweiße steif schlagen. Die Eigelbe mit dem Puderzucker und 4 EL kaltem Wasser cremig-schaumig aufschlagen. Den Backofen auf 180 °C (Umluft 160 °C) vorheizen.

2. Das gesiebte Mehl mit dem Backpulver und dem Kakao mischen und unterheben, den Eischnee ebenfalls vorsichtig unterheben. Den Teig in eine mit Backpapier ausgelegte Springform (26 cm Durchmesser) füllen und im heißen Backofen 20–25 Minuten backen.

3. Den Tortenboden aus der Form lösen, erkalten lassen und einmal quer durchschneiden.

4. Für den Belag die Äpfel schälen, vierteln, das Kerngehäuse entfernen und die Apfelviertel raspeln. Mit 3 EL Zitronensaft mischen und in der Butter andünsten.

5. Die gehackten Mandeln, den Sirup, die Sahne und die Stärke unter die Apfelraspeln rühren, aufkochen und abkühlen lassen. Den Schmand mit dem Joghurt, dem restlichem Zitronensaft und dem Honig glatt rühren. Die Kuvertüre im Wasserbad schmelzen.

6. Die Gelatine in wenig kaltem Wasser einweichen und dann nach Packungsanweisung auflösen. Mit 2 EL geschmolzener Kuvertüre unter die Joghurtcreme mischen. Einen Tortenring um den Teigboden setzen, die Apfel-Mandel-Masse auf dem Teigboden verteilen, mit der Joghurtcreme bedecken und den zweiten Boden darauflegen.

7. Die restliche Kuvertüre in einem dünnen Strahl über die Torte ziehen und mit den Mandelblättchen bestreuen. Die Torte mindestens 3 Stunden kalt stellen und dann servieren.

Zutaten *für ca. 12 Stücke:*

Für den Teig:

5 Eier
200 g Puderzucker
100 g Weizenmehl Type 405
(z. B. von Goldpuder)
1 TL Backpulver
3 EL Kakaopulver

Für den Belag:

5 Äpfel
4 EL Zitronensaft
1 EL Butter
100 g gehackte Mandeln
3 EL Mandelsirup
2 EL süße Sahne
2 TL Speisestärke
300 g Schmand
200 g Naturjoghurt
3 EL Honig
100 g weiße Kuvertüre
5 Blatt Gelatine
2 EL geröstete Mandelblättchen

Zutaten *für ca. 12 Stücke:*

Für den Teig:

5 Eier
200 g Puderzucker
100 g Mehl Type 405 *(z. B. von Goldpuder)*
1 TL Backpulver
50 g gemahlene Mandeln

Für die Füllung:

3 Dosen Mandarinen (à 315 ml)
9 EL Zucker
2 Päckchen klarer Tortenguss
600 ml süße Sahne
3 Päckchen Sahnesteif
400 g Ricotta
2 EL Karamellsirup

Ricottacreme-Torte mit Mandarinen

Zubereitung:

1. Den Backofen auf 180 °C (Umluft 160 °C) vorheizen.

2. Die Eier trennen und die Eiweiße steif schlagen. Die Eigelbe mit dem Puderzucker cremig-schaumig aufschlagen. Das gesiebte Mehl mit dem Backpulver mischen und mit den gemahlenen Mandeln unterheben.

3. Den Eischnee vorsichtig unterheben, den Teig in eine mit Backpapier ausgelegte Springform (26 cm Durchmesser) füllen und im heißen Backofen 20–25 Minuten backen.

4. Den Teig aus der Form lösen, auf einem Kuchengitter erkalten lassen und zweimal quer durchschneiden. Für die Füllung die Mandarinen abtropfen lassen und den Saft dabei auffangen.

5. Den Tortenguss nach Packungsanweisung mit 2 EL Zucker und Mandarinensaft herstellen. Einige Mandarinenschnitze zum Verzieren beiseitelegen, die restlichen vorsichtig unterheben.

6. Die Sahne mit 3 EL Zucker und dem Sahnesteif steif schlagen. Den Ricotta mit Karamellsirup verrühren und ein Drittel der geschlagenen Sahne untermischen. Die Mandarinenmasse auf dem ersten Tortenboden verteilen, den zweiten Boden darauflegen und mit der Ricottacreme bestreichen.

7. Den dritten Tortenboden daraufsetzen und mit der restlichen Sahne bestreichen. Den restlichen Zucker in einem Topf goldbraun karamellisieren. Vorsichtig auf ein Backpapier tropfen lassen, sodass feine Karamellornamente entstehen. Fest werden lassen.

8. Die Torte mit den restlichen Mandarinen und den Karamellornamenten verzieren.

Frischkäse-Torte
mit Daim-Stückchen

Zubereitung:

1. Die Daim-Riegel fein hacken und in drei gleich große Portionen teilen.

2. Die Margarine, 150 g Zucker und das Salz mit den Quirlen des Handrührgerätes cremig rühren. Die Eier trennen und die Eigelbe nacheinander unterrühren. Mehl, Speisestärke und Backpulver mischen, sieben und löffelweise unter die Margarine-Eier-Creme heben.

3. Den Backofen auf 175 °C (Umluft 155 °C) vorheizen. Die gemahlenen Mandeln und ein Drittel der gehackten Daim-Riegel unterrühren. Die Eiweiße mit den Quirlen des Handrührgerätes zu steifem Eischnee schlagen, den restlichen Zucker einrieseln lassen und so lange weiterschlagen, bis der Eischnee glänzt.

4. Den Eischnee sehr vorsichtig in zwei Portionen unter den Teig heben. Den Teig in eine mit Backpapier ausgelegte Springform (26 cm Durchmesser) geben und glatt streichen.

5. Den Teig im heißen Backofen ca. 50 Minuten backen und auf einem Kuchengitter auskühlen lassen. Einmal quer durchschneiden.

6. Den Frischkäse, den braunen Zucker, das zweite Drittel gehackte Daim-Riegel und die Orangenschale mit einem Schneebesen cremig schlagen. Diese Creme auf dem unteren Tortenboden verstreichen und mit dem oberen Tortenboden bedecken.

7. Die Schokolade im Wasserbad schmelzen, die restlichen gehackten Daim-Riegel dazugeben und unterrühren, bis sie geschmolzen sind. Die Schokoladen-Daim-Creme auf die Torte geben und mit einem breiten Messer auf der Oberfläche und den Rändern gleichmäßig verstreichen.

8. Die Torte ca. 2 Stunden kalt stellen.

Zutaten *für ca. 20–24 Stücke:*

6 Daim-Riegel à 56 g
250 g Margarine
200 g Zucker
1 Prise Salz
6 Eier
150 g Mehl
50 g feine Speisestärke
½ Päckchen Backpulver
150 g gemahlene Mandeln
300 g Frischkäse *(z. B. von Brunch)*
30 g brauner Zucker
1 Päckchen geriebene Orangenschale
200 g Vollmilchschokolade

Himbeercreme-Torte
mit gehackten Pistazien

Zutaten *für ca. 12 Stücke:*

Für den Teig:
150 g Mehl
50 g feine Speisestärke
½ Päckchen Backpulver
30 g Kakaopulver
3 Eier
150 g Margarine *(z. B. von Sanella)*
125 g Zucker
100 ml Milch

Für die Himbeercreme:
500 ml süße Sahne
25 g Zucker
2 Päckchen Vanillezucker
400 g Himbeeren
ca. 40 g gehackte Pistazien

Außerdem:
Fett für die Form

Zubereitung:

1. Das Mehl und die Speisestärke mit dem Backpulver und dem Kakaopulver vermischen und sieben. Die Eier trennen und die Eiweiße steif schlagen. Den Backofen auf 180 °C (Umluft 160 °C) vorheizen.
2. Die Margarine und den Zucker mit den Quirlen des Handrührgerätes schaumig rühren, die Eigelbe dazugeben und unterrühren. Die Milch und die Mehlmischung abwechselnd unter die Margarinecreme heben, dann den Eischnee unterheben.
3. Den Teig in eine gefettete Springform (26 cm Durchmesser) geben, glatt streichen und im heißen Backofen ca. 30 Minuten backen. Auskühlen lassen.
4. Für die Himbeercreme die Sahne mit den Quirlen des Handrührgerätes aufschlagen, den Zucker und den Vanillezucker unterrühren. Die Himbeeren verlesen, vorsichtig waschen und trocken tupfen. Einige Himbeeren für die Verzierung zur Seite legen, den Rest vorsichtig unter die Creme heben.
5. Die Himbeercreme auf den ausgekühlten Tortenboden streichen und ca. 1 Stunde kalt stellen.
6. Die Torte mit den restlichen Himbeeren und den gehackten Pistazien verzieren.

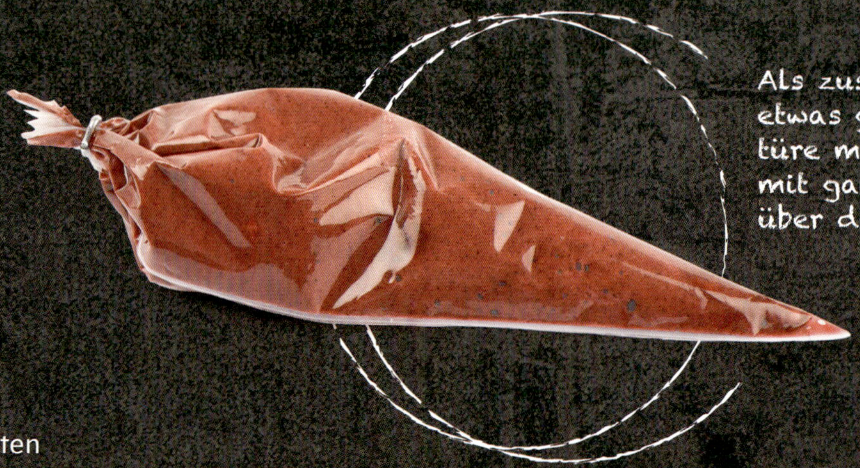

Als zusätzliche Verzierung etwas geschmolzene Kuvertüre mit einem Spritzbeutel mit ganz kleiner Öffnung über die Torte ziehen.

Himbeercreme-Torte mit gehackten Pistazien

Zutaten *für ca. 12 Stücke:*

Für den Teig:
250 g Mehl
120 g Butter
70 g Zucker
1 Ei
1 Prise Salz

Für die Creme:
200 g Frischkäse
500 g Sahnequark
140 g Zucker
1 Päckchen Vanillezucker
Saft von 1 Zitrone
8 Blatt weiße Gelatine
400 ml süße Sahne

24 Eclairs mit Schokoladenguss
(z. B. von Café Condito)

Für die Verzierung:
Himbeeren und gehackte Pistazien

Außerdem:
Fett für die Form

Zebra-Torte
mit Schokoladen-Eclairs

Zubereitung:

1. Den Backofen auf 200 °C (Umluft 180 °C) vorheizen.

2. Für den Teig das gesiebte Mehl, die Butter, den Zucker, das Ei und das Salz vermischen. Alle Zutaten zu einem festen Teig verkneten und ca. 30 Minuten kühl stellen. Den Boden einer gefetteten Springform (24 cm Durchmesser) mit dem Teig auslegen, mit der Gabel mehrmals einstechen und im heißen Backofen 15–20 Minuten backen.

3. Den Tortenboden erkalten lassen, aus der Form nehmen, auf eine Tortenplatte legen und einen Tortenring darumlegen.

4. Für die Creme den Frischkäse und den Quark mit Zucker, Vanillezucker und Zitronensaft glatt rühren.

5. Die Gelatine in wenig kaltem Wasser einweichen und dann nach Packungsanweisung auflösen. Unter die Creme ziehen und die Mischung kalt stellen. Die Sahne steif schlagen. Sobald die Creme anfängt zu gelieren, die Sahne unterheben.

6. Die Hälfte der Eclairs sternförmig auf dem Tortenboden verteilen, die Creme daraufgeben und die Torte ca. 3 Stunden kalt stellen. Nach der Hälfte der Kühlzeit die restlichen Eclairs abwechselnd mit der dunklen oder hellen Seite nach oben auf der Torte verteilen.

7. Die Torte mit frischen Himbeeren sowie gehackten Pistazien verzieren.

Käse-Sahne-Torte
mit Mandarinen

Zubereitung:

1. Den Backofen auf 175° C (Umluft 155° C) vorheizen. Die Eier trennen und die Schokolade reiben. Die Eiweiße mit den Quirlen des Handrührgerätes steif schlagen und kalt stellen. Die Margarine, 200 g Zucker, 1 Päckchen Vanillezucker und die Eigelbe ca. 3 Minuten cremig aufschlagen. Die geriebene Schokolade und die gemahlenen Nüsse dazugeben. Das Mehl mit dem Backpulver mischen, über die Creme sieben und alles gut miteinander verrühren.

2. Den Eischnee unterheben. Den Teig in eine Springform (26 cm Durchmesser) geben und im heißen Backofen ca. 1 Stunde backen. Den Tortenboden in der Form auf einem Kuchengitter auskühlen lassen.

3. In der Zwischenzeit die Mandarinen auf einem Sieb abtropfen lassen. Den Quark und die Milch mit dem restlichen Zucker und Vanillezucker mit den Quirlen des Handrührgerätes verrühren. Die Sahne steif schlagen und unter die Quarkmasse heben.

4. Die Gelatine in wenig kaltem Wasser einweichen, ausdrücken und in einem Topf bei schwacher Hitze unter Rühren auflösen.

5. Nacheinander so viel Käsesahne mit einem Schneebesen unter die Gelatine rühren, bis sie abgekühlt ist. Dann die Gelatinemasse unter die restliche Käsesahne rühren. Die Mandarinen unterheben und das Ganze ca. 15 Minuten in den Kühlschrank stellen, bis die Käsesahne anfängt zu gelieren.

6. Den Tortenboden zweimal quer durchschneiden. Um den unteren Boden einen Tortenring legen und die Hälfte der Käsesahne darauf verteilen, den zweiten Boden darauflegen, die restliche Käsesahne darauf verteilen und den dritten Boden darauflegen.

7. Die Torte ca. 2 Stunden kalt stellen. Danach den Tortenring lösen und die Torte mit Puderzucker bestäuben.

Zutaten *für ca. 20 Stücke:*

6 Eier
100 g Zartbitterschokolade
200 g Margarine *(z. B. von Sanella)*
350 g Zucker
2 Päckchen Vanillezucker
200 g gemahlene Haselnüsse
100 g Mehl
½ Päckchen Backpulver
2 Dosen Mandarinen (à 315 ml)
500 g Quark
100 ml Milch
500 ml süße Sahne
6 Blatt weiße Gelatine

Außerdem:
Puderzucker zum Bestäuben

Cappuccino-Eierlikör-Torte

Zutaten *für ca. 16 Stücke:*

Für den Teig:
50 g Margarine *(z. B. von Sanella)*
5 Eier
150 g Zucker
75 g Mehl
50 g feine Speisestärke
1 TL Backpulver

Für die Füllung:
6 EL Cappuccinopulver (Instant)
750 ml süße Sahne
2 Päckchen Vanillezucker
100 ml Eierlikör

Für die Verzierung:
Schokoladenraspel

Zubereitung:

1. Die Margarine schmelzen und abkühlen lassen. Die Eier trennen, die Eiweiße mit 4 EL Wasser steif schlagen und dabei den Zucker einrieseln lassen. Die Eigelbe nacheinander dazugeben. Den Backofen auf 200 °C (Umluft 180 °C) vorheizen.

2. Das Mehl, die Stärke und das Backpulver mischen, sieben und unterheben. Zum Schluss die flüssige Margarine langsam unterrühren. Den Teig in eine mit Backpapier ausgelegte Springform (26 cm Durchmesser) füllen. Im heißen Backofen ca. 30 Minuten backen. Auskühlen lassen.

3. Den Tortenboden quer halbieren. Für die Füllung das Cappuccinopulver in 5 EL heißem Wasser auflösen und auskühlen lassen.

4. Die Hälfte der Sahne mit 1 Päckchen Vanillezucker steif schlagen und den Eierlikör unterziehen. Die restliche Sahne ebenfalls mit 1 Päckchen Vanillezucker steif schlagen und den Cappuccino unterziehen.

5. Die Hälfte beider Cremes jeweils in einen Spritzbeutel füllen (oder nacheinander) und abwechselnd auf den unteren Teigboden Kreise spritzen. Den zweiten Tortenboden daraufsetzen.

6. Mit der restlichen Cappuccinocreme die Ränder und die Oberfläche der Torte bestreichen. Die restliche Eierlikörcreme in einen Spritzbeutel mit Sterntülle geben und die Torte mit Sahnetupfen verzieren. Die Schokoladenraspel auf die Sahnetupfen streuen. Die Torte ca. 2 Stunden kalt stellen.

Zutaten *für ca. 12 Stücke:*

Für den Biskuitteig:
5 Eier
125 g Zucker
1 Päckchen Vanillezucker
100 g Mehl Type 405 *(z. B. von Goldpuder)*
½ TL Backpulver
50 g gemahlene Mandeln
1 Prise Salz

Für die Füllung:
150 g Rosinen
2 EL Amaretto
250 g Mascarpone
200 g Naturjoghurt
50 g Zucker

Für die Verzierung:
200 g Marzipanrohmasse
200 ml süße Sahne
40 g Mandelblättchen
1 EL Kakaopulver

Zubereitung:

1. Den Backofen auf 180 °C (Umluft 160 °C) vorheizen.

2. Für den Teig die Eier trennen. Die Eigelbe mit Zucker und Vanillezucker cremig schlagen. Das gesiebte Mehl mit dem Backpulver und den gemahlenen Mandeln mischen und unterrühren. Die Eiweiße mit dem Salz steif schlagen und unterheben.

3. Eine Springform (26 cm Durchmesser) mit Backpapier auslegen, den Teig hineinfüllen und im heißen Backofen ca. 25 Minuten backen. Den Tortenboden etwas abkühlen lassen und einmal quer halbieren.

4. Für die Füllung die Rosinen mit dem Amaretto mischen und ca. 10 Minuten ziehen lassen. Den Mascarpone, den Joghurt und den Zucker dazugeben. Die Mascarpone-Masse auf den unteren Teigboden geben und den zweiten Boden darauflegen.

5. Die Torte ca. 4 Stunden kalt stellen. Für die Verzierung die Marzipanrohmasse dünn ausrollen und Sterne ausstechen.

6. Die Sahne steif schlagen, die Torte damit rundum bestreichen und den Rand mit den Mandelblättchen verzieren. Die Torte mit Kakaopulver bestäuben und mit Marzipansternen verzieren.

Mascarponecreme-Torte mit Marzipan-Sternen

Mascarpone-Torte mit Himbeeren

Zubereitung:

1. Den Backofen auf 180 °C (Umluft 160 °C) vorheizen. Die Margarine und den Zucker mit den Quirlen eines Handrührergeräts cremig rühren. Die Eier nacheinander in die Creme rühren. Das gesiebte Mehl mit dem Backpulver, dem Vanillzucker sowie dem Salz mischen und sieben.

2. Die Mehlmischung löffelweise unter die Margarinecreme geben und zu einem glatten Teig verarbeiten. Den Teig in eine mit Backpapier ausgelegte Springform geben, glatt streichen und im heißen Backofen ca. 30 Minuten backen. Auf einem Kuchengitter auskühlen lassen. Den Boden zweimal quer halbieren.

3. Den Mascarpone, den Joghurt und den Eierlikör mit den Quirlen des Handrührgeräts verrühren. Die Gelatine nach Packungsanweisung einweichen, ausdrücken und in einem kleinen Topf auflösen. 2–3 EL Mascarponecreme mit einem Schneebesen unter die Gelatine und dann das Ganze unter die restliche Mascarponecreme rühren. Die Sahne mit dem Puderzucker steif schlagen und unter die Mascarponecreme heben.

4. Die Creme halbieren. Die Himbeeren verlesen, waschen, trocken tupfen und vorsichtig unter eine Hälfte der Creme ziehen. Einen Tortenboden in die Springform legen. Die Himbeercreme darauf verteilen und glatt streichen. Den zweiten Tortenboden darauflegen und mit zwei Drittel der restlichen Mascarponecreme bestreichen.

5. Die Torte für 2–3 Stunden kalt stellen und fest werden lassen. Den letzten Tortenboden in ca. 16 Tortenstücke teilen und auf die Mascarponecreme legen. Den Tortenrand mit der restlichen Creme bestreichen und die Torte mit Puderzucker bestäuben.

Zutaten *für ca. 16 Stücke:*

250 g Margarine *(z. B. von Sanella)*
125 g Zucker
5 Eier
250 g Mehl
1 Päckchen Backpulver
2 Päckchen Vanillezucker
1 Prise Salz
250 g Mascarpone
200 g Magermilch-Joghurt
150 ml Eierlikör
5 Blatt Gelatine
500 ml süße Sahne
125 g Puderzucker
300 g Himbeeren

Außerdem:
Puderzucker zum Bestäuben

Bananenchips ...

... selbst gemacht: Bananen in dünne Scheiben schneiden, auf ein mit Backpapier belegtes Blech geben und im Backofen bei 70 °C ca. 7 Stunden trocknen lassen.

Stracciatella-Torte
mit Bananencreme

Zutaten *für ca. 16 Stücke:*

Für den Teig:
200 g Mehl
½ Päckchen Backpulver
3 Eier
150 g Margarine *(z. B. von Rama)*
125 g Zucker
100 ml Milch

Für die Bananencreme:
500 ml süße Sahne
1 Päckchen Puddingpulver Vanille
500 ml Bananensaft
150 g Schokoladenblättchen
ca. 1 kg Bananen
2 EL Zitronensaft

Außerdem:
Bananenchips zum Verzieren

Zubereitung:

1. Den Backofen auf 180 °C (Umluft 160 °C) vorheizen. Das Mehl mit dem Backpulver mischen und sieben. Die Eier trennen und das Eiweiß steif schlagen. Die Margarine und den Zucker mit den Quirlen des Handrührgeräts schaumig rühren und die Eigelbe unterrühren.

2. Die Milch und die Mehlmischung abwechselnd unter die Margarinecreme rühren und den Eischnee unterheben.

3. Den Teig in eine mit Backpapier ausgelegte Springform geben, glatt streichen und im heißen Backofen ca. 30 Minuten backen. Den Tortenboden auskühlen lassen und einmal quer halbieren.

4. Die Sahne steif schlagen und kalt stellen. Den Vanillepudding anstatt mit Milch mit dem Bananensaft nach Packungsanweisung zubereiten und auskühlen lassen.

5. Die Sahne und die Schokoladenblättchen unterheben. Die Bananen schälen, in ca. 3 cm breite Stücke schneiden, mit dem Zitronensaft beträufeln und aufrecht auf den Tortenboden stellen.

6. Ca. drei Viertel der Creme zwischen und auf den Bananen verteilen und den zweiten Boden darauflegen.

7. Die Torte mit der restlichen Creme bestreichen, ca. 3 Stunden kalt stellen und mit den Bananenchips verzieren.

Marzipan-Mond
mit Zuckerstreuseln

Zutaten *für ca. 10 Stücke:*

Für den Teig:
6 Eier
175 g Zucker
150 g Mehl
90 g Butter
100 g gemahlene Mandeln

Für die Dekoration:
200 g Quark
2 EL Puderzucker
1 EL Zitronensaft
200 g Marzipanrohmasse
bunte Zuckerstreusel

Zubereitung:

1. Den Backofen auf 180 °C (Umluft 160 °C) vorheizen.
2. Die Eier trennen und das Eiweiß zu steifem Schnee schlagen. Die Butter in einem Topf schmelzen und vom Herd nehmen.
3. Die Eigelbe mit dem Zucker im heißen Wasserbad cremig aufschlagen. Die Eimasse aus dem Wasserbad nehmen, das Mehl darüber sieben, die Mandeln und die Butter dazugeben und alles miteinander vermischen. Den Eischnee unterheben.
4. Den Teig in eine gefettete und bemehlte Form füllen, im vorgeheizten ca. 45 Minuten backen, herausnehmen und auskühlen lassen.
5. Den Kuchen mit einem scharfen Messer zu einem Mond schneiden.
6. Den Quark mit Puderzucker und Zitronensaft verrühren, den Kuchen damit bestreichen.
7. Die Marzipanrohmasse auf einer mit Puderzucker bestreuten Arbeitsfläche dünn ausrollen, einen Mond in der Größe des Kuchens ausschneiden, diesen damit belegen und mit den Zuckerstreuseln bestreuen.

Maulwurftorte

Zutaten *für ca. 12 Stücke:*

Für den Teig:
6 Eier
140 g Butter
200 g Zucker
3 Päckchen Vanillezucker
100 g Mehl
½ Päckchen Backpulver
100 g Schokoraspel

Für die Füllung:
2 Bananen
500 g süße Sahne
2 Päckchen Sahnesteif

Für die Dekoration:
Schokoraspel

Zubereitung:

1. Den Backofen auf 180 °C (Umluft 160 °C) vorheizen.

2. Die Eier trennen. Die Butter, den Zucker und ein Päckchen Vanillezucker cremig rühren. Die Eigelbe einzeln unterrühren. Das Mehl, das Backpulver und die Schokoraspel mischen und unterrühren. Die Eiweiße steif schlagen und unterheben.

3. Den Teig in eine gefettete Springform füllen. Im vorgeheizten Backofen ca. 45 Minuten backen, herausnehmen und auskühlen lassen.

4. Den Tortenboden bis auf einen ca. 1 cm breiten Rand mit einem Löffel aushöhlen. Das Kucheninnere zerbröseln. Die Bananen schälen, in Scheiben schneiden und auf dem Kuchenboden verteilen.

5. Die Sahne mit zwei Päckchen Vanillezucker und Sahnesteif steif schlagen und kuppelartig auf die Früchte häufen. Anschließend mit den Kuchenbröseln und zum Schluss mit Schokoraspeln bestreuen. Kühl stellen.

Zutaten *für ca. 8 Stücke:*

Für den Teig:
6 Eier
175 g Zucker
150 g Mehl
90 g Butter
3 EL Kakaopulver

Für die Dekoration:
3 EL Johannisbeergelee
2 Eier
100 g Zucker
1 Prise Salz
250 g Butter
3 EL Kakaopulver
60 g Pinienkerne
2 Haselnüsse
1 Schokoladentaler

Süßer Schokoladen-Igel

Zubereitung:

1. Den Backofen auf 180 °C (Umluft 160 °C) vorheizen.

2. Die Eier trennen und die Eiweiße zu steifem Schnee schlagen. Die Butter in einem Topf schmelzen und vom Herd nehmen. Die Eigelbe mit dem Zucker im heißen Wasserbad cremig aufschlagen.

3. Die Eimasse aus dem Wasserbad nehmen, das Mehl und den Kakao darüber sieben, die Butter dazugeben und alles miteinander vermischen. Den Eischnee unterheben. Den Teig auf ein gefettetes und bemehltes Blech streichen, im vorgeheizten Backofen ca. 45 Minuten backen, herausnehmen und auskühlen lassen.

4. Aus Papier vier verschieden große Schablonen in Igelform schneiden, auf den Kuchen legen und mit einem scharfen Messer ausschneiden. Die Kuchenteile mit dem Johannisbeergelee bestreichen und zusammensetzen.

5. Die Butter in eine Schüssel geben und so lange schlagen, bis sie weiß ist (mindestens 15 Minuten). Die Eier in eine zweite Schüssel geben, mit dem Rührgerät aufschlagen. Den Zucker einrühren und die Eimasse im heißen Wasserbad rühren, bis sie cremig ist, aus dem Wasserbad nehmen und kaltschlagen. Die Butter mit der Eimasse und dem Kakao verrühren und den Igel damit bestreichen.

6. Die Pinienkerne in einer Pfanne rösten und abkühlen lassen.

7. Den Kuchen mit den Haselnüssen, den Pinienkernen und dem Schokoladentaler dekorieren.

Baiser-Schultafel

mit weißer Kuvertüre

Zutaten *für ca. 8 Stücke:*

Für den Teig:
2 Eier
150 g Butter
150 g Zucker
150 g Speisestärke

Für die Baisermasse:
2 Eiweiß
1 Prise Salz
100 g Zucker

Für die Dekoration:
weiße Kuvertüre
Smarties
Schokoladendekoration (Buchstaben und Zahlen)

Zubereitung:

1. Den Backofen auf 180 °C (Umluft 160 °C) vorheizen.
2. Die Eier trennen und aus dem Eiweiß steifen Schnee schlagen. Mit einem Rührgerät die Butter schaumig rühren und den Zucker unterheben.
3. Die Eigelbe in die Buttermasse geben und zu einer dicken Creme aufschlagen. Die Speisestärke darüber sieben, unterrühren und anschließend den Eischnee darunter heben.
4. Den Teig in eine viereckige, gefettete und bemehlte Backform füllen und im vorgeheizten Backofen ca. 30 Minuten backen.
5. Den Kuchen aus der Form nehmen und auf ein Backblech legen. Das Eiweiß mit dem Salz zu steifem Eischnee schlagen, nach und nach den Zucker dazugeben und so lange rühren, bis eine glänzende Masse entsteht.
6. In einen Spritzbeutel mit Sterntülle füllen und auf den Rand des Kuchens spritzen.
7. Den Kuchen nochmals in den Ofen schieben, bis die Baisermasse leicht gebräunt ist, aus dem Ofen nehmen und abkühlen lassen.
8. Die Kuvertüre schmelzen und auf dem Kuchen verteilen. Mit Smarties und Schokoladenbuchstaben und -zahlen dekorieren.

Fruchtige Apfel-Kekse

Zutaten *für ca. 30 Stück:*

150 g Weizenmehl
100 g Haferflocken
2 ½ TL Backpulver
500 g Äpfel
90 g weiche Butter
70 g brauner Zucker
abgeriebene Schale von
1 unbehandelten Zitrone
3 Eier
2 EL Zitronensaft
4 EL Orangensaft

Zubereitung:

1. Den Backofen auf 200 °C (Umluft 180 °C) vorheizen. Das Backblech mit Backpapier auslegen.

2. Das gesiebte Mehl mit den Haferflocken und dem Backpulver vermischen. Die Äpfel waschen, vierteln, das Kerngehäuse entfernen und die Viertel grob raspeln.

3. Die Butter mit dem Zucker, der Zitronenschale, den Eiern und dem Zitronen- sowie Orangensaft schaumig schlagen. Die Mehlmischung und die geraspelten Äpfel unterrühren.

4. Mit einem Esslöffel runde Teighäufchen auf das Backblech setzen. Im heißen Backofen auf der mittleren Schiene ca. 15 Minuten backen. Nach dem Backen die Kekse mit dem Backpapier auf ein Ofengitter ziehen und abkühlen lassen.

Erdnuss-Cookies mit Ahornsirup

Zutaten *für ca. 30 Stück:*

125 g Margarine *(z. B. von Sanella)*
75 g brauner Zucker
75 ml Ahornsirup
125 g Vollkorndinkelmehl
1 TL Backpulver
1 Prise Salz
150 g geröstete, ungesalzene Erdnüsse

Zubereitung:

1. Den Backofen auf 175 °C (Umluft 155 °C) vorheizen.
2. Die Margarine, den Zucker und den Ahornsirup mit den Quirlen des Handrührgeräts verrühren.
3. Das gesiebte Mehl mit dem Backpulver und dem Salz mischen und dazugeben. Die Erdnüsse unterheben.
4. Den Teig esslöffelweise auf ein mit Backpapier ausgelegtes Blech setzen und im heißen Backofen ca. 20 Minuten backen.
5. Die Cookies nach dem Backen mit dem Backpapier auf ein Ofengitter ziehen und abkühlen lassen.

Kekssreifen mit Schokotröpfchen

Zutaten *für ca. 64 Stück:*

200 g Margarine *(z. B. von Sanella)*
250 g brauner Zucker
1 EL Zimt
½ TL gemahlener Piment
3 Eier
250 g Mehl
½ Päckchen Backpulver
100 g Schokoladentropfen
100 g gehackte Mandeln
50 g Hagelzucker
200 g dunkle Schokoladenglasur

Zubereitung:

1. Die Margarine und den Zucker mit dem Zimt und dem Piment mit den Quirlen des Handrührgeräts cremig rühren, die Eier nacheinander dazugeben und untermischen.

2. Den Backofen auf 200 °C (Umluft 180 °C) vorheizen. Das Mehl mit dem Backpulver mischen und sieben, zu der Teigmasse geben und alles mit den Knethaken des Handrührers verkneten. Die Schokotropfen und die gehackten Mandeln zum Teig geben und unterkneten.

3. Den Teig auf ein mit Backpapier ausgelegtes Blech streichen, mit dem Hagelzucker bestreuen und im heißen Backofen ca. 20 Minuten backen.

4. Die noch warme Teigplatte in ca. 16 Längsstreifen und ca. 4 Querstreifen schneiden. Die Keksstreifen auf einem Kuchengitter auskühlen lassen.

5. Die Schokoladenglasur im Wasserbad schmelzen. Die Unterseite der Keksstreifen mit der Schokoladenglasur bestreichen und die Glasur fest werden lassen.

Piment wird auch Nelkenpfeffer genannt, weil sein Duft an Nelken erinnert. Er kommt hauptsächlich aus Jamaika und findet in pikanten Gerichten sowie in der süßen Weihnachtsbäckerei Verwendung.

Mokka-Mandel-Zungen

Zutaten *für ca. 40 Stück:*

175 g Margarine *(z. B. von Sanella)*
150 g Puderzucker
2 Eier
6 g Espressopulver (Instant)
3 EL Kaffeelikör
75 g gemahlene Mandeln
1–2 EL Kakaopulver
175 g Mehl
125 g dunkle Kuchenglasur

Zubereitung:

1. Die Margarine, den Puderzucker und die Eier mit den Quirlen des Handrührgeräts cremig rühren.

2. Das Espressopulver mit dem Kaffeelikör glatt rühren und zusammen mit den Mandeln zur Creme geben. Das Kakaopulver und das Mehl mischen, auf die Creme sieben und unterheben. Den Backofen auf 200 °C (Umluft 180 °C) vorheizen.

3. Den Teig in einen Spritzbeutel mit mittelgroßer Sterntülle füllen und ca. 5 cm lange Streifen auf ein mit Backpapier ausgelegtes Blech spritzen.

4. Zwischen den Teigstreifen etwas Platz lassen, da der Teig auseinandergeht. Die Plätzchen im heißen Backofen ca. 8 Minuten backen und anschließend etwas abkühlen lassen.

5. Die Kuchenglasur im Wasserbad schmelzen, das Gebäck zu einem Drittel eintauchen und auf einem Kuchengitter auskühlen lassen.

Haferflocken-Kekse

Zutaten *für ca. 40 Stück:*

75 g Margarine *(z. B. von Sanella)*
100 g kernige Haferflocken
75 g gehackte Haselnüsse
½ TL Zimt
5 EL Zucker
1 Ei
50 g Mehl
½ TL Backpulver
1 Prise Salz

Außerdem:
Backpapier

Zubereitung:

1. Den Backofen auf 200 °C (Umluft 180 °C) vorheizen. Die Margarine in einer Pfanne schmelzen. Die Haferflocken, die Haselnüsse, den Zimt und 1 EL Zucker vermischen, zu der Margarine geben. Unter ständigem Rühren 2–3 Minuten anrösten und etwas abkühlen lassen.

2. Inzwischen den restlichen Zucker und das Ei zu einer hellen, dickschaumigen Masse aufschlagen. Das Mehl, das Backpulver und das Salz vermischen, mit der Haferflockenmischung vermengen und unter die Eimasse rühren.

3. Den Teig teelöffelweise in kleinen Häufchen auf mit Backpapier belegte Backbleche setzen und etwas flach drücken. Die Haferflockenkekse im vorgeheizten Ofen 10–15 Minuten goldbraun backen.

Caipirinha-Limetten-Taler

Zutaten *für ca. 70 Stück:*

Für den Teig:
300 g Mehl
2 TL Backpulver
100 g Rohrzucker
1 Päckchen Vanillezucker
1 Ei
2 TL abgeriebene Schale einer unbehandelten Limette
150 g kalte Margarine *(z. B. von Sanella)*

Für die Glasur:
100 g Puderzucker
3–4 EL Zuckerrohrschnaps
2 EL Limettensaft
2 TL abgeriebene Schale einer unbehandelten Limette
1 EL Rohrzucker

Außerdem:
Mehl für die Arbeitsfläche

Zubereitung:

1. Das gesiebte Mehl mit dem Backpulver mischen. Den Rohrzucker, den Vanillezucker, das Ei, die Limettenschale und die kalte Margarine in Stückchen über der Mehlmischung verteilen.

2. Die Zutaten mit den Knethaken des Handrührgeräts verkneten. Zum Schluss den Teig mit den Händen zu einer glatten Kugel formen und ca. 30 Minuten kalt stellen.

3. Den Backofen auf 175 °C (Umluft 155 °C) vorheizen. Den Teig auf einer bemehlten Arbeitsfläche ca. 5 mm dick ausrollen, ca. 5 cm große Kreise ausstechen und auf ein mit Backpapier ausgelegtes Blech legen.

4. Die Plätzchen im heißen Backofen ca. 15 Minuten hellbraun backen, anschließend mit dem Backpapier auf ein Ofengitter ziehen und abkühlen lassen.

5. Für die Glasur den Puderzucker und den Zuckerrohrschnaps glatt rühren. Den Limettensaft hinzufügen und die Caipirinha-Taler mit der Glasur bepinseln.

6. Die Glasur mit etwas Limettenschale und Rohrzucker bestreuen.

Caipirinha …

… ist ein Cocktail-Klassiker aus Limetten, Zuckerrohrschnaps und braunem Zucker. In der „Kekse-Version“ schmeckt er mindestens genauso gut …

Schoko-Minz-Kekse

Zutaten *für ca. 50 Stück:*

200 g Margarine *(z. B. von Sanella)*
150 g brauner Zucker
1 Prise Salz
1 Ei
200 g Mehl
1 TL Backpulver
2 EL Kakaopulver
200 g Schokoladen-Pfefferminz-Täfelchen

Zubereitung:

1. Die Margarine, den Zucker und das Salz mit den Quirlen des Handrührers schaumig rühren, bis sich der Zucker gelöst hat. Das Ei dazugeben und unterrühren.

2. Das Mehl mit dem Backpulver und dem Kakao mischen, sieben und zur Margarinecreme geben. Die Schokoladen-Pfefferminz-Täfelchen grob hacken und unter die Masse rühren. Den Backofen auf 180 °C (Umluft 160 °C) vorheizen.

3. Aus dem Teig walnussgroße Kugeln formen und auf mit Backpapier ausgelegte Bleche setzen (ca. neun Kugeln pro Backblech).

4. Die Kugeln mit einem feuchten Teelöffel flach drücken. Im heißen Backofen ca. 15 Minuten backen. Die Kekse nach dem Backen mit dem Backpapier auf ein Ofengitter ziehen und abkühlen lassen.

Schoko-Nuss-Kekse

Zutaten *für ca. 24 Stück:*

1–2 kleine rote Chilischoten
100 g Pekannüsse
150 g Mehl
1 TL Backpulver
2 TL dunkles Kakaopulver
50 g Hafer-Schmelzflocken
150 g Margarine *(z. B. von Lätta)*
125 g brauner Zucker
1 Prise Salz
1 Ei
75 g Schokoladentropfen

Zubereitung:

1. Den Backofen auf 180 °C (Umluft 160 °C) vorheizen und ein Backblech mit Backpapier auslegen.

2. Die Chilischoten fein schneiden, dabei die Kerne entfernen. Die Pekannüsse vierteln. Das Mehl, das Backpulver und den Kakao mischen, sieben und die Haferflocken unterrühren.

3. Die Margarine, den Zucker und das Salz schaumig schlagen. Erst das Ei, dann die Mehlmischung unterrühren. Zuletzt die Chilischoten, die Nüsse und die Schokoladentropfen mit einem Kochlöffel unterheben.

4. Die Masse mit zwei Teelöffeln mit ca. 5 cm Durchmesser und 2 cm Höhe mit genügend Abstand auf ein Blech setzen. Im vorgeheizten Backofen ca. 13 Minuten backen.

Ingwer-Cantuccini
mit Pekannüssen

Zutaten *für ca. 65 Stück:*

500 g Mehl
1 TL Backpulver
250 g brauner Zucker
2 TL gemahlener Ingwer
1 Prise Salz
3 Eier
100 g Margarine *(z. B. von Sanella)*
200 g Pekannüsse

Außerdem:
Mehl für die Arbeitsfläche

Zubereitung:

1. Das gesiebte Mehl mit dem Backpulver, dem Zucker, dem Ingwer und dem Salz mischen. Die Eier, die Margarine und 3 EL kaltes Wasser hinzufügen und alle Zutaten rasch zu einem glatten Teig verkneten.

2. Den Backofen auf 175 °C (Umluft 155 °C) vorheizen. Die Pekannüsse längs halbieren, zum Teig geben und unterkneten. Aus dem Teig auf einer bemehlten Arbeitsfläche Rollen mit 2–3 cm Durchmesser formen.

3. Die Teigrollen auf ein mit Backpapier ausgelegtes Blech setzen und im heißen Backofen ca. 30 Minuten backen.

4. Die Teigrollen aus dem Backofen nehmen, ca. 10 Minuten abkühlen lassen und vorsichtig in ca. 1 cm dicke Scheiben schneiden. Den Backofen auf 200 °C (Umluft 180 °C) hochstellen.

5. Die Teigscheiben auf dem Blech verteilen und im heißen Backofen ca. 15 Minuten backen. Die Cantuccini herausnehmen und auf einem Kuchengitter abkühlen lassen.

Ingwer …

… verleiht den Cantuccini eine leicht scharfe Note. Die vielseitige Knolle enthält zahlreiche Inhaltsstoffe, die sich positiv auf die Gesundheit auswirken, z. B. auf die Verdauung.

Probieren Sie auch einmal andere Schokoladensorten für die Kekse, z.B. Minz- oder Chilischokolade.

Vanille-Schoko-Taler

Zutaten *für ca. 50 Stück:*

200 g Zartbitterschokolade
400 g Mehl
1 TL Backpulver
1 Prise Salz
200 g weiche Margarine *(z. B. von Sanella)*
150 g Zucker
1 Vanilleschote
2 Eier

Zubereitung:

1. Die Schokolade grob hacken. Das gesiebte Mehl mit dem Backpulver und dem Salz mischen.

2. Die Margarine und den Zucker schaumig schlagen. Die Vanilleschote längs halbieren, das Mark herauskratzen und unter die Margarine-Zucker-Mischung rühren. Die Eier nacheinander unterrühren. Die Mehlmischung und die gehackte Schokolade unter den Teig rühren. Den Backofen auf 200 °C (Umluft 180 °C) vorheizen.

3. Aus dem Teig ca. 50 Kugeln formen, mit reichlich Abstand zueinander auf mit Backpapier ausgelegte Bleche legen und flach drücken, sodass sie einen Durchmesser von ca. 4 cm haben. Die Taler im heißen Backofen ca. 15 Minuten backen. Die Kekse nach dem Backen mit dem Backpapier auf ein Ofengitter ziehen und abkühlen lassen.

Grießkekse mit Frischkäse-Dip

Zutaten *für ca. 30 Stück:*

Für den Teig:
100 g Hartweizengrieß
8 EL Milch
100 g geriebener Parmesan
6 EL Olivenöl
100 g Mehl Type 405 *(z. B. von Goldpuder)*
1 TL Oregano
1 TL Salz

Für den Dip:
150 g Ziegenfrischkäse
100 g Ricotta
100 g eingelegte Paprikaschoten (aus dem Glas)
1 EL gemischte, gehackte Kräuter
bunter, grob gemahlener Pfeffer
Salz

Außerdem:
Mehl für die Arbeitsfläche
Olivenöl zum Bestreichen
grobes Meersalz zum Bestreuen

Zubereitung:

1. Für den Teig den Grieß mit der Milch verrühren und kurz quellen lassen.

2. Den Parmesan, das Olivenöl, das gesiebte Mehl, den Oregano und das Salz hinzufügen und alles zu einem glatten Teig verkneten.

3. Den Backofen auf 180 °C (Umluft 160 °C) vorheizen. Den Teig auf einer bemehlten Arbeitsfläche ausrollen, Kekse ausstechen, auf ein mit Backpapier ausgelegtes Blech setzen und flach drücken.

4. Die Kekse mit Olivenöl bestreichen, mit Meersalz bestreuen und im heißen Backofen 10–12 Minuten backen. Die Kekse nach dem Backen mit dem Backpapier auf ein Ofengitter ziehen und abkühlen lassen.

5. Für den Dip den Frischkäse mit dem Ricotta verrühren. Die Paprikaschoten abtropfen lassen, fein würfeln und unterrühren. Die Kräuter untermischen und alles mit Salz und Pfeffer abschmecken.

6. Die abgekühlten Grießkekse mit dem Dip servieren.

Ein leckerer Dip auf die Schnelle: Einfach einen Becher saure Sahne oder Schmand mit Schnittlauchröllchen, etwas Zitrone, Salz und Pfeffer verrühren!

Donuts mit Zucker

Zutaten *für 12 Stück:*

220 g Weizenmehl
1 ½ TL Trockenhefe
1 EL Zucker
1 Prise Salz
60 g gekühlte Butter
1 Ei
120 ml lauwarme Vollmilch

Außerdem:
Mehl für die Arbeitsfläche
1 l Sonnenblumenöl zum Ausbacken
120 g Zucker zum Bestreuen

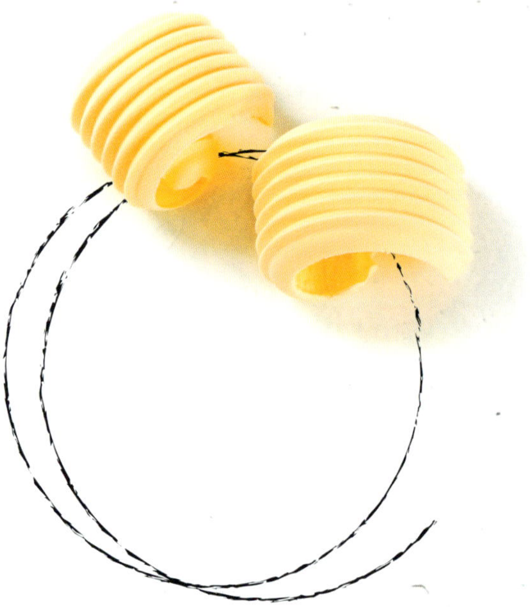

Zubereitung:

1. Das Mehl zusammen mit der Hefe, dem Zucker und dem Salz in eine Schüssel sieben. Die Butter in Würfel schneiden und in die Mehlmischung einarbeiten. Das Ei verquirlen, die Milch dazugeben und die Masse kneten, bis sich alles verbindet.

2. Den Teig auf einer leicht bemehlten Arbeitsfläche ausbreiten und 10 Minuten kneten, bis er geschmeidig ist. Zu einer Kugel rollen und in eine saubere, leicht eingefettete Schüssel legen. Mit Klarsichtfolie abdecken und an einem warmen Ort ca. 1 Stunde ruhen lassen, bis der Teig doppelt so groß ist.

3. Den Teig auf einer leicht bemelten Arbeitsfläche ca. 1 cm dick ausrollen. Mit einem Donut-Ausstecher 12 Ringe ausstechen und jeweils auf ein Stück Backpapier setzen. Mit Klarsichtfolie abdecken und ca. 30 Minuten an einem warmen Ort ruhen lassen, bis der Teig etwas aufgegangen ist.

4. Zum Ausbacken das Öl in einem großen, tiefen Topf auf 170 °C erhitzen.

5. Die Donuts vorsichtig vom Backpapier ins heiße Öl gleiten lassen. Jeweils 3 Stück auf einmal ausbacken. Auf jeder Seite 30–60 Sekunden garen lassen, bis sie rundum goldbraun sind. Mit einem Schaumlöffel aus dem Öl nehmen und auf Küchenpapier abtropfen lassen.

6. Den Zucker zum Bestreuen auf einen Teller geben. Solange die Donuts noch warm sind, im Zucker wälzen, bis sie rundum damit bedeckt sind.

Zutaten *für 12 Stück:*

220 g Weizenmehl
1 ½ TL Trockenhefe
1 EL Zucker
1 Prise Salz
60 g gekühlte Butter
1 Ei
120 ml lauwarme Vollmilch

Für die Glasur:
250 g Puderzucker
50 ml Wasser

Außerdem:
Mehl für die Arbeitsfläche
1 l Sonnenblumenöl zum Ausbacken

Donuts mit Glasur

Zubereitung:

1. Das Mehl zusammen mit der Hefe, dem Zucker und dem Salz in eine Schüssel sieben. Die Butter in Würfel schneiden und in die Mehlmischung einarbeiten. Das Ei verquirlen, die Milch dazugeben und die Masse kneten, bis sich alles verbindet.

2. Den Teig auf einer leicht bemehlten Arbeitsfläche ausbreiten und 10 Minuten durchkneten, bis er geschmeidig ist. Zu einer Kugel rollen und in eine saubere, leicht eingefettete Schüssel legen. Mit Klarsichtfolie abdecken und an einem warmen Ort ca. 1 Stunde ruhen lassen, bis der Teig doppelt so groß ist.

3. Den Teig auf einer leicht bemehlten Arbeitsfläche ca. 1 cm dick ausrollen. Mit einem Donut-Ausstecher 12 Ringe ausstechen und jeweils auf ein Stück Backpapier setzen. Mit Klarsichtfolie abdecken und ca. 30 Minuten an einem warmen Ort ruhen lassen, bis der Teig etwas aufgegangen ist.

4. Zum Ausbacken das Öl in einem großen, tiefen Topf auf 170 °C erhitzen.

5. Die Donuts vorsichtig vom Backpapier ins heiße Öl gleiten lassen. Jeweils 3 Stück auf einmal ausbacken. Auf jeder Seite 30–60 Sekunden garen lassen, bis sie rundum goldbraun sind. Mit einem Schaumlöffel aus dem Öl nehmen und auf Küchenpapier abtropfen lassen.

6. Für die Glasur den Puderzucker und das Wasser verrühren. Die Donuts in die Glasur tauchen und trocknen lassen.

Donuts mit Schoko-Honig-Glasur

Zubereitung:

1. Das Mehl zusammen mit der Hefe, dem Zucker und dem Salz in eine Schüssel sieben. Die Butter in Würfel schneiden und in die Mehlmischung einarbeiten. Das Ei verquirlen, die Milch dazugeben und die Masse kneten, bis sich alles verbindet.

2. Den Teig auf einer leicht bemehlten Arbeitsfläche ausbreiten und 10 Minuten kneten, bis er geschmeidig ist. Zu einer Kugel rollen und in eine saubere, leicht eingefettete Schüssel legen. Mit Klarsichtfolie abdecken und an einem warmen Ort ca. 1 Stunde ruhen lassen, bis der Teig doppelt so groß ist.

3. Den Teig auf einer leicht mit Mehl bestäubten Arbeitsfläche 1 cm dick ausrollen. Mit einem Donut-Ausstecher 12 Ringe ausstechen und jeweils auf ein Stück Backpapier setzen. Mit Klarsichtfolie abdecken und ca. 30 Minuten an einem warmen Ort ruhen lassen, bis der Teig etwas aufgegangen ist.

4. Das Öl in einem großen, tiefen Topf auf 170 °C erhitzen.

5. Die Donuts vorsichtig vom Backpapier ins heiße Öl gleiten lassen. Auf jeder Seite 30–60 Sekunden ausbacken, bis sie überall goldbraun sind. Die Donuts mit einem Schaumlöffel aus dem Öl nehmen und auf Küchenpapier abtropfen lassen.

6. Für die Glasur die Schokolade in Stücke brechen und mit dem Honig und der Butter in einem Topf bei schwacher Hitze schmelzen lassen, bis eine glatte und glänzende Masse entsteht. Den Topf vom Herd nehmen.

7. Die Schokoladenglasur mit einem Löffel auf die Donuts geben, solange sie noch etwas warm sind, und an den Seiten herunterfließen lassen. Vor dem Servieren ruhen lassen.

Zutaten für 12 Stück:

220 g Weizenmehl
1 ½ TL Trockenhefe
1 EL Zucker
1 Prise Salz
60 g gekühlte Butter
1 Ei
120 ml lauwarme Vollmilch

Für die Glasur:
100 g Zartbitterschokolade
100 ml klarer Honig
50 g Butter

Außerdem:
Mehl für die Arbeitsfläche
1 l Sonnenblumenöl zum Ausbacken

Zartbitterschokolade …

… harmoniert am besten mit der Süße des Honigs, ist aber nicht jedermanns Geschmack. Sie können stattdessen natürlich auch Vollmilchschokolade nehmen.

Schokoladen-Donuts

Zutaten *für 12 Stück:*

220 g Weizenmehl
30 g Kakaopulver
1 EL Zucker
1 ½ TL Trockenhefe
1 Prise Salz
60 g gekühlte Butter
1 Ei
120 ml lauwarme Vollmilch

Für die Glasur:
100 g Zartbitterschokolade
100 ml Maissirup
50 g Butter

Außerdem:
Mehl für die Arbeitsfläche
1 l Sonnenblumenöl zum Ausbacken

Zubereitung:

1. Das Mehl zusammen mit dem Kakaopulver, dem Zucker, der Hefe und dem Salz in eine Schüssel sieben. Die Butter in Würfel schneiden und in die Mehlmischung einarbeiten. Das Ei und die Milch dazugeben und die Masse kneten, bis sich alles verbindet.

2. Den Teig auf einer leicht bemehlten Arbeitsfläche ausbreiten und 10 Minuten durchkneten, bis er geschmeidig ist. Zu einer Kugel rollen und in eine saubere, leicht eingefettete Schüssel legen. Mit Klarsichtfolie abdecken und an einem warmen Ort ca. 1 Stunde ruhen lassen, bis der Teig doppelt so groß ist.

3. Den Teig auf einer leicht bemehlten Arbeitsfläche ca. 1 cm dick ausrollen. Mit einem Donut-Ausstecher 12 Ringe ausstechen und jeweils auf ein Stück Backpapier setzen. Mit Klarsichtfolie abdecken und dann ca. 30 Minuten an einem warmen Ort ruhen lassen.

4. Das Öl in einem großen, tiefen Topf auf 170 °C erhitzen.

5. Die Donuts vorsichtig vom Backpapier ins heiße Öl gleiten lassen. Jeweils 3 Donuts auf einmal auf jeder Seite 30–60 Sekunden ausbacken. Mit einem Schaumlöffel aus dem Öl nehmen und auf Küchenpapier abtropfen lassen.

6. Für die Schokoladenglasur die Schokolade in Stücke brechen und mit dem Sirup und der Butter bei schwacher Hitze in einem Topf schmelzen lassen, bis eine glatte und glänzende Masse entsteht. Vom Herd nehmen. Die Glasur in eine Schüssel gießen und die Donuts darin eintauchen, solange sie noch etwas warm sind. Die Glasur fest werden lassen.

Besonders schokoladig werden die Donuts, wenn Sie, bevor die Glasur fest wird, noch zusätzlich Schokoladenstreusel darüber streuen. Schokostreusel gibt es sowohl als Vollmilch- als auch als Zartbitterstreusel.

Karamell-Donuts

Zutaten *für 12 Stück:*

220 g Weizenmehl
1 ½ TL Trockenhefe
1 EL Zucker
1 Prise Salz
60 g gekühlte Butter
1 Ei
120 ml lauwarme Vollmilch

Für die Füllung:
4–5 EL Karamellcreme

Für den Belag:
100 ml Karamellcreme
15 g Salzflocken

Außerdem:
Mehl für die Arbeitsfläche
1 l Sonnenblumenöl zum Ausbacken

Zubereitung:

1. Das Mehl zusammen mit der Hefe, dem Zucker und dem Salz in eine Schüssel sieben. Die Butter in Würfel schneiden und in die Mehlmischung einarbeiten. Das Ei verquirlen, die Milch dazugeben und die Masse kneten, bis sich alles verbindet.

2. Den Teig auf einer leicht bemehlten Arbeitsfläche ausbreiten und 10 Minuten durchkneten, bis er geschmeidig ist. Zu einer Kugel rollen und in eine Schüssel legen, mit Klarsichtfolie abdecken und an einem warmen Ort etwa 1 Stunde ruhen lassen, bis er doppelt so groß ist.

3. Den Teig auf einer leicht bemehlten Arbeitsfläche ca. 1 cm dick ausrollen. Mit einem Donut-Ausstecher 12 Ringe ausstechen und jeweils auf ein Stück Backpapier setzen. Mit Klarsichtfolie abdecken und ca. 30 Minuten an einem warmen Ort ruhen lassen, bis der Teig etwas aufgegangen ist.

4. Das Öl in einem großen, tiefen Topf auf 170 °C erhitzen.

5. Die Donuts vorsichtig vom Backpapier ins heiße Öl gleiten lassen. Jeweils 3 Donuts auf einmal 30–60 Sekunden auf jeder Seite goldbraun ausbacken. Mit einem Schaumlöffel aus dem Öl nehmen und auf Küchenpapier abtropfen lassen.

6. Mit dem Griff eines Teelöffels seitlich in die noch warmen Donuts stechen und mit Kreisbewegungen Platz für die Füllung schaffen.

7. Für die Füllung die Karamellcreme in einen Spritzbeutel geben und in jeden Donut eine kleine Menge hineindrücken. Für den Belag mit einer Palette etwas Karamellcreme oben auf die Donuts streichen und dann mit einigen Salzflocken bestreuen.

Zutaten *für 12 Stück:*

220 g Weizenmehl
1 ½ TL Trockenhefe
1 EL Zucker
1 Prise Salz
60 g gekühlte Butter
120 ml lauwarme Vollmilch

Für die Glasur:
2 EL Butter
250 g Puderzucker
1 ½ EL Wasser
rosa Lebensmittelfarbe
bunte Streusel

Außerdem:
Mehl für die Arbeitsfläche
1 l Sonnenblumenöl zum Ausbacken

Donuts ohne Ei

Zubereitung:

1. Das Mehl zusammen mit der Hefe, dem Zucker und dem Salz in eine Schüssel sieben. Die Butter in Würfel schneiden und in die Mehlmischung einarbeiten. Die Milch dazugeben und die Masse kneten, bis sich alles verbindet.

2. Den Teig auf einer leicht bemehlten Arbeitsfläche ausbreiten und 10 Minuten durchkneten, bis er geschmeidig ist. Zu einer Kugel rollen und in eine Schüssel legen, mit Klarsichtfolie abdecken und an einem warmen Ort etwa 1 Stunde ruhen lassen, bis der Teig doppelt so groß ist.

3. Den Teig auf einer leicht bemehlten Arbeitsfläche ca. 1 cm dick ausrollen. Mit einem Donut-Ausstecher 12 Ringe ausstechen und jeden jeweils auf ein Stück Backpapier setzen. Mit Klarsichtfolie abdecken und ca. 30 Minuten an einem warmen Ort ruhen lassen, bis der Teig etwas aufgegangen ist.

4. Das Öl in einem großen, tiefen Topf auf 170 °C erhitzen.

5. Die Donuts vorsichtig vom Backpapier ins heiße Öl gleiten lassen. Jeweils 3 Donuts auf jeder Seite 30–60 Sekunden goldbraun ausbacken. Mit einem Schaumlöffel aus dem Öl nehmen und auf Küchenpapier abtropfen lassen.

6. Für die Glasur die Butter schmelzen und mit dem Puderzucker, dem Wasser und der Lebensmittelfarbe vermischen. Dann mit einem Löffel über die Donuts verteilen, solange sie noch etwas warm sind. Mit den Streuseln großzügig bestreuen und vor dem Servieren fest werden lassen.

Kleine Apfelstrudel

Zutaten *für 4 Strudel:*

4 Äpfel
30 g Zucker
1 TL Zimt
25 g gehackte Mandeln
30 g Butter
4 Blatt Strudel- oder Blätterteig

Außerdem:
Puderzucker zum Bestäuben

Zubereitung:

1. Den Backofen auf 200 °C (Umluft 180 °C) vorheizen.

2. Die Äpfel schälen, das Kerngehäuse entfernen und das Fruchtfleisch in Stücke schneiden. Zusammen mit dem Zucker, dem Zimt und 1 EL Wasser in einem Topf ca. 6 Minuten köcheln lassen. Abkühlen lassen und die gehackten Mandeln dazugeben.

3. Die Butter schmelzen.

4. Die Teigblätter auf ein mit Backpapier ausgelegtes Backblech legen und die Apfelmischung darauf verteilen. Zu einer flachen Rolle zusammenrollen und die Ränder festdrücken. Mit der geschmolzenen Butter bestreichen.

5. Die Apfelstrudel ca. 20 Minuten im vorgeheizten Ofen backen. Abkühlen lassen und mit Puderzucker bestäuben.

Je nach Geschmack können Sie noch eine Handvoll Rosinen zur Füllung geben, die Mandeln durch gehackte Walnüsse ersetzen oder eine Kugel Vanilleeis dazu servieren.

Whoopie Pies
mit Marshmallow-Füllung

Zutaten für 12 Stück:

120 g weiche Butter
80 g hellbrauner Rohrzucker
80 g Zucker (extrafein)
1 Ei
ausgekratztes Mark von 1 Vanilleschote
280 g Mehl
2 TL Backpulver
50 g Kakaopulver
½ TL Salz
250 ml Milch

Für die Marshmallow-Füllung:
50 ml kochendes Wasser
1 EL Pulvergelatine
170 g Zucker (extrafein)
70 ml Zuckerrübensirup
1½ EL kaltes Wasser

Zubereitung:

1. Den Backofen auf 180 °C (Umluft 160 °C) vorheizen. Zwei Backbleche mit Backpapier auslegen.

2. Für den Teig die Butter und den Zucker in eine Schüssel geben und cremig rühren. Das Ei und das Vanillemark dazugeben und alles schaumig schlagen.

3. In eine andere Schüssel das Mehl, das Backpulver, das Kakaopulver und das Salz sieben. Die Hälfte der trockenen Zutaten unter das Butter-Ei-Gemisch heben. Die Milch hineinrühren, dann den Rest der trockenen Zutaten untermischen.

4. Mit einem Spritzbeutel mit großer Lochtülle auf jedes Backblech im Abstand von 5 cm 12 jeweils ca. 5 cm große Teigkreise aufspritzen. 8 – 10 Minuten backen, bis die Kuchen bei leichter Berührung nachgeben. Zum Abkühlen auf ein Kuchengitter setzen.

5. Für die Füllung das kochende Wasser in die Schüssel einer elektrischen Küchenmaschine geben und die Gelatine einstreuen. Auf niedriger Stufe schlagen, bis sich die Gelatine auflöst. Den Zucker, den Zuckerrübensirup und das kalte Wasser in einem Topf unter Rühren zum Kochen bringen.

6. Die Küchenmaschine auf niedrige Stufe stellen und schrittweise den heißen Sirup hinzugeben. Auf hoher Stufe 5 Minuten schlagen, bis die Mischung sehr dickflüssig und locker ist und eine blasse Farbe hat.

7. Mit einem eingeölten Löffel jeweils einen großen Klecks Marshmallow-Füllung auf die flache Seite der 12 Kuchen geben, dann einen weiteren Kuchen aufsetzen und vorsichtig zusammendrücken.

Marshmallow-Creme …

… können Sie auch fertig kaufen. Es gibt sie in gut sortierten Lebensmittelgeschäften oder im Internet.

Rosarote …

… Whoopies erhält man, wenn auch die Füllung leicht eingefärbt wird: entweder mit einem Spritzer Lebensmittelfarbe oder mit 1 EL Himbeersaft.

Rote Whoopie Pies
mit Frischkäse-Füllung

Zutaten *für 12 Stück:*

120 g weiche Butter
170 g hellbrauner Rohrzucker
ausgekratztes Mark von
1 Vanilleschote
1 Ei
280 g Mehl
2 TL Backpulver
50 g Kakaopulver
½ TL Salz
250 ml Buttermilch
1 TL rote Lebensmittelfarbe

Für die Frischkäse-Füllung:
120 ml süße Sahne
100 g Frischkäse
1 EL klarer Honig
1 EL Zitronensaft

Zubereitung:

1. Den Backofen auf 180 °C (Umluft 160 °C) vorheizen. Zwei Backbleche mit Backpapier auslegen.
2. Für den Teig die Butter, den Zucker und das Vanillemark cremig rühren, dann das Ei dazugeben und alles schaumig schlagen.
3. In eine andere Schüssel das Mehl, das Backpulver, das Kakaopulver und das Salz sieben. Die Buttermilch mit der Lebensmittelfarbe vermischen. Die Hälfte der trockenen Zutaten unter die Butter-Ei-Mischung heben. Die Buttermilch hineinrühren, dann den Rest der trockenen Zutaten untermischen.
4. Mit einem Spritzbeutel mit großer Lochtülle auf jedes Backblech im Abstand von 5 cm 12 jeweils ca. 5 cm große Teigkreise aufspritzen.
5. 12 – 15 Minuten backen, bis die Kuchen bei leichter Berührung nachgeben. Zum Abkühlen auf ein Kuchengitter setzen.
6. Für die Füllung die Sahne in einer Schüssel halb steif schlagen, dann den Frischkäse, den Honig und den Zitronensaft hineinrühren und alles steif schlagen.
7. Mit einem Spritzbeutel mit Sterntülle etwas Füllung auf die flache Seite von 12 Kuchen aufspritzen und jeweils einen weiteren Kuchen daraufsetzen.

Vanille-Whoopie-Pies
mit Frischkäse-Füllung

Zutaten *für 12 Stück:*

120 g weiche Butter
150 g Zucker (extrafein)
ausgekratztes Mark von
2 Vanilleschoten
1 Ei
300 g Mehl
2 ½ TL Backpulver
½ TL Salz
50 ml Milch
130 ml Buttermilch

Für die Frischkäse-Füllung:
100 ml süße Sahne
150 g Frischkäse
2 EL Zucker (extrafein)
ausgekratztes Mark von
1 Vanilleschote

Außerdem:
Puderzucker zum Bestäuben

Zubereitung:

1. Den Backofen auf 180 °C (Umluft 160 °C) vorheizen. Zwei Backbleche mit Backpapier auslegen.

2. Für den Teig die Butter, den Zucker und das Vanillemark in einer Schüssel cremig rühren. Das Ei dazugeben und alles schaumig schlagen.

3. In eine weitere Schüssel das Mehl, das Backpulver und das Salz sieben. Die Hälfte der trockenen Zutaten unter das Butter-Ei-Gemisch heben. Die Milch und die Buttermilch hineinrühren, dann den Rest der trockenen Zutaten untermischen.

4. Mit einem Spritzbeutel mit großer Lochtülle auf jedes Backblech im Abstand von 5 cm 12 jeweils ca. 5 cm große Teigkreise aufspritzen. 12 – 15 Minuten backen, bis die Kuchen bei Berührung nachgeben. Zum Abkühlen auf ein Kuchengitter setzen.

5. Für die Füllung die Sahne steif schlagen, dann den Frischkäse, den Zucker und das Vanillemark hineinrühren.

6. Mit einem Spritzbeutel mit Sterntülle etwas Frischkäsefüllung auf die flache Seite von 12 Kuchen aufspritzen und jeweils einen weiteren Kuchen daraufsetzen. Mit Puderzucker bestäuben.

Vanille-Whoopie-Pies mit Frischkäse-Füllung

Bananen-Whoopie-Pies
mit Buttercreme-Füllung

Zutaten *für 12 Stück:*

140 g weiche Butter
140 g hellbrauner Rohrzucker
ausgekratztes Mark von
 1 Vanilleschote
2 Eier
320 g Mehl
2 ½ TL Backpulver
1 TL gemahlener Zimt
½ TL Salz
100 ml Buttermilch
200 g Bananen

Für die Buttercreme-Füllung:
300 g Puderzucker
ausgekratztes Mark von
 1 Vanilleschote
150 g weiche Butter
50 ml süße Sahne
70 g fein gehackte Walnüsse

Zubereitung:

1. Den Backofen auf 180 °C (Umluft 160 °C) vorheizen. Zwei Backbleche mit Backpapier auslegen.

2. Für den Teig die Butter, den Zucker und das Vanillemark cremig rühren. Nacheinander die Eier dazugeben und alles schaumig schlagen. In eine andere Schüssel das Mehl, das Backpulver, den Zimt und das Salz sieben.

3. Die Hälfte der trockenen Zutaten unter das Butter-Ei-Gemisch heben. Die Buttermilch hineinrühren und den Rest der trockenen Zutaten hinzugeben. Die Bananen zerdrücken und unterheben.

4. Mit einem Spritzbeutel mit großer Lochtülle auf jedes Backblech im Abstand von 5 cm 12 jeweils ca. 5 cm große Teigkreise aufspritzen. 12 – 15 Minuten backen, bis die Kuchen bei leichter Berührung nachgeben. Zum Abkühlen auf ein Kuchengitter setzen.

5. Für die Füllung den Puderzucker, das Vanillemark und die Butter in eine Schüssel geben. Mit dem elektrischen Handrührgerät auf mittlerer Stufe schlagen, bis eine bröselige Masse entsteht. Langsam die Sahne hineinrühren, dann auf hoher Stufe so lange schlagen, bis die Mischung glatt ist. Die gehackten Walnüsse unterrühren.

6. Mit einem Spritzbeutel mit großer Lochtülle die Buttercreme-Füllung auf die flache Seite von 12 Kuchen aufspritzen und dann einen weiteren Kuchen daraufsetzen.

Bananen-Whoopie-Pies mit Buttercreme-Füllung

Zutaten *für 12 Stück:*

120 g weiche Butter
170 g hellbrauner Rohrzucker
ausgekratztes Mark von
1 Vanilleschote
1 Ei
300 g Mehl
2 ½ TL Backpulver
½ TL Salz
250 ml Buttermilch
abgeriebene Schale von
1 unbehandelten Zitrone

Für die Zitronencreme-Füllung:
3 Eier
100 g weiche Butter
abgeriebene Schale und Saft
von 3 unbehandelten Zitronen
200 g Zucker (extrafein)

Whoopie Pies mit Zitronencreme

Zubereitung:

1. Den Backofen auf 180 °C (Umluft 160 °C) vorheizen. Zwei Backbleche mit Backpapier auslegen.

2. Für die Kuchen die Butter, den Zucker und das Vanillemark in eine Schüssel geben und cremig rühren. Das Ei hinzufügen und alles schaumig schlagen.

3. In eine weitere Schüssel das Mehl, das Backpulver und das Salz sieben. In einem Messbecher die Buttermilch und die Zitronenschale vermischen. Die Hälfte der trockenen Zutaten unter das Butter-Ei-Gemisch heben. Die Buttermilch-Mischung und danach den Rest der trockenen Zutaten hineinrühren.

4. Mit einem Spritzbeutel mit großer Lochtülle auf jedes Backblech im Abstand von 5 cm 12 jeweils ca. 5 cm große Teigkreise aufspritzen. 12 – 15 Minuten backen, bis die Kuchen bei Berührung nachgeben. Zum Abkühlen auf ein Kuchengitter setzen.

5. Für die Füllung die Eier leicht anschlagen und die Butter in Würfel schneiden. Die Eier und die Butter mit allen weiteren Zutaten in eine hitzebeständige Schüssel geben und über einen Topf mit köchelndem Wasser setzen. Bei niedriger Temperatur 10 Minuten rühren, bis die Mischung dickflüssig ist. Die Mischung nicht kochen oder überhitzen, da sie sonst gerinnt. Vom Topf nehmen und abkühlen lassen. Mit Frischhaltefolie bedecken und kühlen.

6. Jeweils einen Esslöffel Zitronencreme auf die flache Seite von 12 Kuchen auftragen, dann einen weiteren Kuchen daraufsetzen.

Die Reste eines großen Kürbisses können Sie prima für diese Whoopie Pies verwenden. Sie eignen sich auch gut für Halloween: Bestreichen Sie sie einfach mit einem orange gefärbten Zuckerguss.

Kürbis-Whoopie-Pies

Zutaten *für 24 Stück:*

150 g weiche Butter
150 g hellbrauner Rohrzucker
ausgekratztes Mark von 1 Vanilleschote
2 Eier
320 g Mehl
2 ½ TL Backpulver
½ TL Salz
1 TL gemahlener Ingwer
1 TL gemahlener Zimt
100 ml Buttermilch
200 g gekochtes und püriertes Kürbisfleisch

Für die Füllung:
2 Eiweiß
120 g Zucker (extrafein)
220 g weiche Butter

Zubereitung:

1. Den Backofen auf 180 °C (Umluft 160 °C) vorheizen. Zwei Backbleche mit Backpapier auslegen. Für den Teig die Butter, den Zucker und das Vanillemark cremig rühren. Die Eier dazugeben und alles schaumig schlagen.

2. In eine andere Schüssel das Mehl, das Backpulver, das Salz und die Gewürze sieben. Die Hälfte der trockenen Zutaten unter das Butter-Ei-Gemisch heben. Die Buttermilch und dann den Rest der trockenen Zutaten untermischen. Das Kürbisfleisch abtropfen lassen und unterheben.

3. Mit einem Spritzbeutel mit großer Lochtülle auf jedes Backblech im Abstand von 4 cm 24 jeweils ca. 3 cm große Teigkreise aufspritzen.

4. 10 – 12 Minuten backen, bis die Kuchen bei Berührung nachgeben. Zum Abkühlen auf ein Kuchengitter setzen.

5. Für die Füllung die Eiweiße und den Zucker in eine hitzebeständige Schüssel geben und über einen Topf mit leicht köchelndem Wasser setzen. Mit einem Handrührgerät schlagen, bis sich der Zucker aufgelöst hat, die Mischung heiß ist und eine weiße Farbe bekommen hat. Vom Topf nehmen und weiterhin mit hoher Geschwindigkeit schlagen, bis der Schüsselboden langsam abkühlt. Auf niedriger Stufe nach und nach die Butter dazugeben und alles schaumig schlagen.

6. Einen Esslöffel Füllung auf die flache Seite von 24 Kuchen auftragen, dann jeweils einen weiteren Kuchen daraufsetzen.

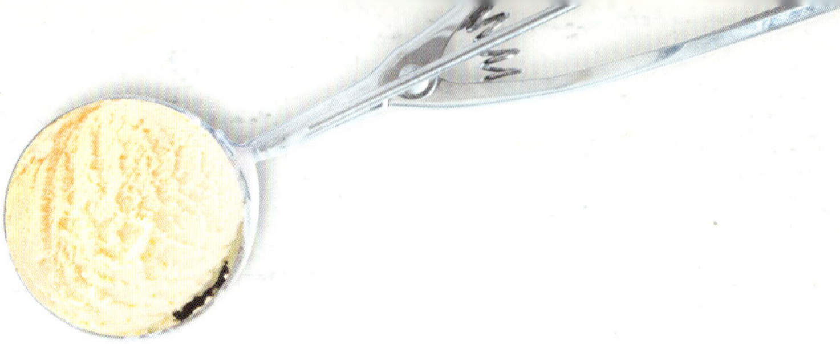

Für die Füllung können Sie auch Eiscreme verwenden.

Zutaten *für 12 Stück:*

2 Eiweiß
1½ TL Eiweißpulver
60 g Zucker (extrafein)
120 g Puderzucker
60 g gemahlene Mandeln
ausgekratztes Mark von 1 Vanilleschote

Für die Füllung:
80 g Puderzucker
40 g weiche Butter
2 EL süße Sahne
ausgekratztes Mark von 1 Vanilleschote

Zubereitung:

1. Ein Backblech mit Backpapier auskleiden. Einen Spritzbeutel mit Lochtülle bereitlegen.

2. Die Eiweiße und das Eiweißpulver in eine saubere Schüssel geben und den Zucker darübersieben. Mit dem elektrischen Handrührgerät steif schlagen.

3. In eine andere Schüssel den Puderzucker und die gemahlenen Mandeln sieben. Das Vanillemark und die Eiweißmasse hinzugeben. Die Masse vorsichtig mit einem Teigschaber verrühren, bis sie wie ein Band vom Schaber reißt.

4. Den Spritzbeutel mit der Masse füllen und 24 jeweils ca. 4 cm große Kreise aufspritzen. Mit Vanillezucker bestreuen. Den Ofen auf 130 °C (Umluft 110 °C) vorheizen und das Blech für mindestens 15 Minuten in einem warmen, trockenen Raum stehen lassen.

5. 10 Minuten auf der mittleren Schiebeleiste backen. Aus dem Ofen nehmen und abkühlen lassen.

6. Für die Füllung den Puderzucker und die Butter in eine Schüssel geben und schlagen, bis eine krümelige Mischung entsteht. Die Sahne und das Vanillemark hinzugeben und zu einer glatten Vanille-Buttercreme schlagen.

7. Je einen Teelöffel Buttercreme auf die flache Seite von 12 Macaron-Schalen auftragen und jeweils eine weitere Macaron-Schale daraufsetzen.

Vanille-Macarons

Eiweißpulver ...

... können Sie in gut sortierten Lebensmittelgeschäften kaufen oder über das Internet bestellen. Sie können auf das Pulver verzichten, wenn Sie das frische Eiweiß „trocknen“: Mit Frischhaltefolie bedeckt 24 Stunden bei Zimmertemperatur stehen lassen und dann wie angegeben weiterverwenden.

Schoko-Macarons

Zutaten *für 12 Stück:*

2 Eiweiß
1½ TL Eiweißpulver
60 g Zucker (extrafein)
120 g Puderzucker
50 g gemahlene Mandeln
1½ TL Kakaopulver

Für die Füllung:
80 g dunkle Schokolade
60 ml süße Sahne
Zimt

Zubereitung:

1. Ein Backblech mit Backpapier auskleiden. Einen Spritzbeutel mit Lochtülle bereitlegen.
2. Die Eiweiße und das Eiweißpulver in eine saubere Schüssel geben und den Zucker darübersieben. Mit einem elektrischen Handrührgerät steif schlagen.
3. In eine andere Schüssel den Puderzucker, die gemahlenen Mandeln und das Kakaopulver sieben. Die Eiweißmasse hinzugeben. Die Masse vorsichtig mit einem Teigschaber verrühren, bis sie wie ein Band vom Schaber reißt.
4. Den Spritzbeutel mit der Masse füllen und 24 jeweils ca. 4 cm große Kreise aufspritzen. Den Ofen auf 130 °C (Umluft 110 °C) vorheizen und das Blech für mindestens 15 Minuten in einem warmen, trockenen Raum stehen lassen.
5. 10 Minuten auf der mittleren Schiebeleiste backen. Aus dem Ofen nehmen und abkühlen lassen.
6. Für die Schokoladen-Füllung die Schokolade und die Sahne in einen antihaftbeschichteten Topf geben und auf niedriger Stufe erhitzen. So lange rühren, bis alles geschmolzen und gut vermischt ist, dann den Zimt unterrühren. Vom Herd nehmen und abkühlen lassen, gelegentlich rühren, bis die Creme eingedickt ist.
7. Je einen Teelöffel Schokoladen-Füllung auf die flache Seite von 12 Macaron-Schalen auftragen und jeweils eine weitere Macaron-Schale daraufsetzen. Einige Macarons nach Belieben mit etwas Zimt bestreuen.

Als Krönung …

… des Schokoladengenusses können Sie zusätzlich einen Klecks Schokoguss auf die Macarons geben.

Pistazien-Macarons
mit Orangen-Füllung

Zutaten *für 12 Stück:*

2 Eiweiß
1½ TL Eiweißpulver
60 g Streuzucker (extrafein)
120 g Zucker
60 g gemahlene Pistazien
1 Tropfen grüne Lebensmittelfarbe

Für die Füllung:
50 g Puderzucker
100 g weiche Butter
ausgekratztes Mark von 1 Vanilleschote
2 Tropfen Orangen-Aroma
2 EL Marzipanrohmasse
2 EL Orangen-Gelee

Zubereitung:

1. Ein Backblech mit Backpapier auskleiden. Einen Spritzbeutel mit Lochtülle bereitlegen.
2. Die Eiweiße und das Eipulver in eine saubere Schüssel geben und den Zucker darübersieben. Mit dem elektrischen Handrührgerät steif schlagen.
3. In eine andere Schüssel den Puderzucker und die gemahlenen Pistazien sieben. Die Eiweißmasse und die Lebensmittelfarbe hinzugeben. Die Masse vorsichtig mit einem Teigschaber verrühren, bis sie wie ein Band vom Schaber reißt.
4. Den Spritzbeutel mit der Masse füllen und 24 jeweils ca. 4 cm große Kreise aufspritzen. Den Ofen auf 130 °C (Umluft 110 °C) vorheizen und das Blech für 15 Minuten in einem warmen, trockenen Raum stehen lassen.
5. 10 Minuten auf der mittleren Schiebeleiste backen. Aus dem Ofen nehmen und abkühlen lassen.
6. Für die Füllung den Puderzucker, die Butter und das Mark einer Vanilleschote in eine Schüssel geben und cremig schlagen. Die Marzipanrohmasse zerkleinern und mit dem Orangen-Aroma und dem Fruchtgelee unterrühren.
7. Die Orangen-Marzipan-Buttercreme in einen Spritzbeutel mit Lochtülle füllen. Auf die flache Seite von 12 Macaron-Schalen auftragen und jeweils eine weitere Macaron-Schale daraufsetzen.

Gemahlene Pistazien sind in Supermärkten erhältlich, aber frisch gemahlen haben sie den besten Geschmack. Hierfür kann eine Gewürz- oder Kaffeemühle benutzt werden.

Lavendel-Macarons

Zutaten *für 12 Stück:*

2 Eiweiß
1½ TL Eiweißpulver
60 g Zucker
120 g Puderzucker
60 g gemahlene Mandeln
1 Tropfen lila Lebensmittelfarbe

Für die Füllung:
100 ml süße Sahne
1 TL Lavendelzucker

Außerdem:
Lavendelzucker zum Bestreuen

Zubereitung:

1. Ein Backblech mit Backpapier auskleiden. Einen Spritzbeutel mit Lochtülle bereitlegen.

2. Die Eiweiße und das Eiweißpulver in eine saubere Schüssel geben und den Zucker darübersieben. Mit dem elektrischen Handrührgerät steif schlagen.

3. In eine andere Schüssel den Puderzucker und die gemahlenen Mandeln sieben. Die Eiweißmasse und die Lebensmittelfarbe hinzugeben. Die Masse vorsichtig mit dem Teigschaber verrühren, bis sie wie ein Band vom Schaber reißt und die Farbe gleichmäßig vermischt ist.

4. Den Spritzbeutel mit der Masse füllen und 24 jeweils ca. 4 cm große Kreise aufspritzen. Die Hälfte der Baiser-Schalen mit Lavendelzucker bestreuen (diese ergeben die Oberflächen). Den Ofen auf 130 °C (Umluft 110 °C) vorheizen und das Blech für mindestens 15 Minuten in einem warmen, trockenen Raum stehen lassen.

5. 10 Minuten auf der mittleren Schiebeleiste backen. Aus dem Ofen nehmen und abkühlen lassen.

6. Für die Füllung die Sahne mit dem Lavendelzucker steif schlagen. Je einen Teelöffel Lavendelcreme auf die flache Seite der 12 unverzierten Macaron-Schalen auftragen und jeweils eine verzierte Macaron-Schale daraufsetzen.

Espresso-Macarons

Zubereitung:

1. Ein Backblech mit Backpapier auskleiden. Einen Spritzbeutel mit Lochtülle bereitlegen.

2. Die Eiweiße und das Eiweißpulver in eine saubere Schüssel geben und den Zucker darübersieben. Mit dem elektrischen Handrührgerät steif schlagen.

3. In eine andere Schüssel den Puderzucker und die gemahlenen Mandeln sieben. Die Eiweißmasse und die Lebensmittelfarbe hinzugeben. Die Masse vorsichtig mit dem Teigschaber verrühren, bis sie wie ein Band vom Schaber reißt und die Farbe gleichmäßig vermischt ist.

4. Den Spritzbeutel mit der Masse füllen und 24 jeweils ca. 4 cm große Kreise aufspritzen. Den Ofen auf 130 °C (Umluft 110 °C) vorheizen und das Blech für 15 Minuten in einem warmen, trockenen Raum stehen lassen.

5. 10 Minuten auf der mittleren Schiebeleiste backen. Aus dem Ofen nehmen und abkühlen lassen.

6. Für die Füllung die Schokolade, die Sahne und den Kaffee in einen antihaftbeschichteten Topf geben und auf niedriger Stufe schmelzen. So lange rühren, bis alles gut vermischt ist. Die schwarze Lebensmittelfarbe hineinrühren. Abkühlen lassen und gelegentlich rühren, bis die Füllung eingedickt ist.

7. Je einen Teelöffel Füllung auf die flache Seite von 12 Macaron-Schalen auftragen und jeweils eine Macaron-Schale daraufsetzen.

Tipp

Sie können die Macarons zusätzlich mit Kaffeebohnen oder Schokobohnen dekorieren. Kleben Sie dafür nach dem Backen jeweils eine Bohne mit etwas Zuckerguss auf den oberen Schalen fest.

Zutaten *für 12 Stück:*

2 Eiweiß
1½ TL Eiweißpulver
60 g Zucker
120 g Puderzucker
60 g gemahlene Mandeln
1 Tropfen gelbe Lebensmittelfarbe

Für die Füllung:
75 g dunkle Schokolade
60 ml süße Sahne
2 TL Instantkaffee
1 Tropfen schwarze Lebensmittelfarbe

Zitronen-Macarons

Zutaten *für 12 Stück:*

2 Eiweiß
1 ½ TL Eiweißpulver
60 g Zucker (extrafein)
120 g Puderzucker
60 g gemahlene Mandeln
abgeriebene Schale einer unbehandelten Zitrone
1 Tropfen gelbe Lebensmittelfarbe

Für die Füllung:
80 g Puderzucker
40 g weiche Butter
2 EL süße Sahne
3-4 Tropfen Zitronenextrakt
1 Tropfen gelbe Lebensmittelfarbe

Zubereitung:

1. Ein Backblech mit Backpapier auskleiden. Einen Spritzbeutel mit Lochtülle bereitlegen.

2. Die Eiweiße und das Eiweißpulver in eine saubere Schüssel geben und den Zucker darübersieben. Mit dem elektrischen Handrührgerät steif schlagen.

3. In eine andere Schüssel den Puderzucker und die gemahlenen Mandeln sieben. Die Zitronenschale, die Eiweißmasse und die Lebensmittelfarbe dazugeben. Die Masse vorsichtig mit dem Teigschaber verrühren, bis sie wie ein Band vom Schaber reißt.

4. Den Spritzbeutel mit der Masse füllen und 24 jeweils ca. 4 cm große Kreise aufspritzen. Den Backofen auf 130 °C (Umluft 110 °C) vorheizen und das Blech für 15 Minuten in einem warmen, trockenen Raum stehen lassen.

5. 10 Minuten auf der mittleren Schiebeleiste backen. Aus dem Ofen nehmen und abkühlen lassen.

6. Für die Füllung den Puderzucker und die Butter in eine Schüssel geben und schlagen, bis eine krümelige Mischung entsteht. Dann die Sahne, das Zitronenextrakt und die Lebensmittelfarbe dazugeben und alles glatt rühren.

7. Je einen Teelöffel Buttercreme auf die flache Seite von 12 Macaron-Schalen auftragen und jeweils eine weitere Macaron-Schale daraufsetzen.

Himbeer-Macarons

Zubereitung:

1. Ein Backblech mit Backpapier auskleiden. Einen Spritzbeutel mit Lochtülle bereitlegen.

2. Die Eiweiße und das Eiweißpulver in eine saubere Schüssel geben und den Zucker darübersieben. Mit dem elektrischen Handrührgerät steif schlagen.

3. In eine andere Schüssel den Puderzucker und die gemahlenen Mandeln sieben. Die Eiweißmasse und die Lebensmittelfarbe hinzugeben. Die Masse vorsichtig mit dem Teigschaber verrühren, bis sie wie ein Band vom Schaber reißt und die Farbe gleichmäßig vermischt ist.

4. Den Spritzbeutel mit der Masse füllen und 24 jeweils ca. 4 cm große Kreise aufspritzen. Den Ofen auf 130 °C (Umluft 110 °C) vorheizen und das Blech für mindestens 15 Minuten in einem warmen, trockenen Raum stehen lassen.

5. 10 Minuten auf der mittleren Schiebeleiste backen. Aus dem Ofen nehmen und abkühlen lassen.

6. Für die Füllung den Puderzucker und die Butter in eine Schüssel geben und schlagen, bis eine krümelige Mischung entsteht. Die Sahne, die zerdrückten Himbeeren sowie die rote Lebensmittelfarbe hinzugeben und glatt schlagen.

7. Je einen Teelöffel Buttercreme auf die flache Seite von 12 Macaron-Schalen auftragen und jeweils eine Macaron-Schale daraufsetzen.

Zutaten *für 12 Stück:*

2 Eiweiße
1½ TL Eiweißpulver
60 g Zucker
120 g Puderzucker
60 g gemahlene Mandeln
1 Tropfen pinkfarbene Lebensmittelfarbe

Für die Füllung:
80 g Puderzucker
40 g weiche Butter
2 EL süße Sahne
20 g zerdrückte Himbeeren
1 Tropfen rote Lebensmittelfarbe

Bunte Cakepops

Zutaten *für 40 Stück:*

1 Zitrone
250 g zimmerwarme Margarine
(z. B. von Sanella)
150 g Zucker
1 Päckchen Vanillezucker
4 Eier
300 g Mehl
1 Päckchen Backpulver
1 Prise Salz
75 ml Milch
200 g Frischkäse

Zum Verzieren:
400 g weiße Kuvertüre
50 g Zuckerstreusel

Außerdem:
40 Holzspieße oder Stäbchen

Trocknen …

… Sie die Kuchen-Lollis stehend, z. B. in einem mit Zucker oder Reis befüllten höheren Glas. Alternativ stellen Sie sie auf einen dick mit Zucker oder Zuckerperlen bestreuten Teller.

Die Cakepops können Sie einfach bunt einfärben: Die Kuvertüre schmelzen und nach Belieben mit der gewünschten Lebensmittelfarbe einfärben.

Zubereitung:

1. Den Backofen auf 180 °C (Umluft 160 °C) vorheizen. Eine Kastenform einfetten und mit Mehl bestäuben.

2. Die Zitrone heiß abspülen und trocken tupfen. Die Schale fein abreiben und von einer Hälfte der Zitrone den Saft auspressen.

3. Die Margarine, den Zucker und den Vanillezucker mit dem elektrischen Handrührer zu einer glatten Masse schlagen.

4. Die Eier nacheinander sorgfältig unterrühren. Den Zitronenabrieb und den Zitronensaft mit dem Mehl, dem Backpulver und dem Salz gründlich vermischen. Im Wechsel mit der Milch unter den Teig rühren.

5. Den Teig in die vorbereitete Kastenform füllen und im vorgeheizten Ofen ca. 50 Minuten backen. Abkühlen lassen und aus der Form lösen.

6. Den Kuchen in einer Schüssel fein zerbröseln und mit dem Frischkäse verkneten. Mit der Hand kleine Kugeln (ca. 4 cm Durchmesser) formen, aufspießen (nicht durchspießen!) und 15 Minuten kalt stellen.

7. Die Kuvertüre nach Packungsanweisung schmelzen. Die Cakepops vorsichtig seitlich eintauchen und leicht drehend glasieren. Nach Belieben mit bunten Zuckerperlen bestreuen und ca. 30 Minuten kalt stellen.

Zutaten *für 42 Stück:*

Für den Teig:
1 Zitrone
200 g weiche Margarine *(z. B. von Sanella)*
200 g Zucker
1 Päckchen Vanillezucker
4 Eier
300 g Mehl
2 TL Backpulver
1 Prise Salz
100 ml Milch
200 g Frischkäse

Außerdem:
300 g Vollmilchkuvertüre
42 Holzstäbchen
1–2 Bogen buntes Papier

Cakepop-Piratenschiffchen

Zubereitung:

1. Den Backofen auf 180 °C (Umluft 160 °C) vorheizen, eine Kastenform einfetten und mit Mehl bestäuben.

2. Die Zitrone heiß abspülen, trocken tupfen, die Schale fein abreiben und von einer halben Zitrone den Saft auspressen.

3. Die Margarine, den Zucker und den Vanillezucker zu einer glatten Masse aufschlagen und die Eier nacheinander sorgfältig unterschlagen. Den Zitronenabrieb und den Zitronensaft unterrühren. Das Mehl, das Backpulver und das Salz gründlich miteinander vermischen und im Wechsel mit der Milch unter den Teig rühren.

4. Den Teig in die vorbereitete Form füllen und im vorgeheizten Ofen 50–55 Minuten backen, bis die Stäbchenprobe gelingt. Abkühlen lassen und aus der Form lösen.

5. Den Kuchen in einer Schüssel fein zerbröseln und mit dem Frischkäse verkneten. Mit der Hand kleine Kugeln formen.

6. Die Kuvertüre nach Packungsanweisung schmelzen, die Holzstäbchen mit der stumpfen Seite in die flüssige Kuvertüre tauchen und anschließend die Teigkugel aufspießen.

7. Die Teigkugel vorsichtig, leicht drehend in der Kuvertüre glasieren und 30 Minuten kalt stellen. Am besten trocknen die Cakepops kopfüber auf einem dick mit Zucker oder Zuckerperlen bestreuten Teller.

8. Das Papier in ca. 5 x 10 cm große Rechtecke schneiden. Mit einem Holzstäbchen die Löcher vorbohren und die Papiersegel auf die Holzstäbchen schieben.

Kaffee-Cakepops

Zutaten *für 24 Stück:*

50 g weiche Butter
50 g Zucker (extrafein)
1 Ei
50 g Mehl
½ TL Backpulver
2 EL Instantkaffee-Granulat oder -pulver
50 g weiße Schokolade
60 g Frischkäse

Zum Verzieren:
200 g geschmolzene weiße Schokolade
50 g geschmolzene dunkle Schokolade

Außerdem:
24 Holzspieße

Zubereitung:

1. Den Backofen auf 180 °C (Umluft 160 °C) vorheizen. Eine 20 cm große, quadratische Backform einfetten. Für den Kuchen die Butter und den Zucker schaumig schlagen. Das Ei hineinrühren.

2. Das Kaffeepulver in 1 EL heißem Wasser auflösen. Das Mehl und das Backpulver darübersieben und mit der Hälfte des aufgelösten Kaffees unterheben. Den Kuchenteig in die Backform geben und die Oberfläche glatt streichen.

3. 15–20 Minuten backen, bis der Kuchen goldbraun ist und bei leichter Berührung nachgibt. Auf ein Kuchengitter herauslösen und abkühlen lassen.

4. Die weiße Schokolade schmelzen. Den Kuchen in einer Küchenmaschine zu Krümeln verarbeiten. Die Krümel in eine Schüssel geben und den verbleibenden Kaffee, die geschmolzene weiße Schokolade und den Frischkäse hineinmischen.

5. Die Masse zu 24 Bällchen mit ca. 3 cm Durchmesser formen. Die Bällchen auf eine Platte legen und 30 Minuten im Kühlschrank kalt stellen.

6. Einen Spieß in jedes Bällchen hineinstecken. Zum Verzieren jede Kugel in die geschmolzene weiße Schokolade tauchen.

7. Die Spieße in einen Schaumstoffblock stecken und alle Cakepops mit ein wenig Kakaopulver bestreuen sowie mit einer Schokoladen-Kaffeebohne krönen. Dies macht man am besten direkt nach dem Eintauchen in die geschmolzene weiße Schokolade, damit alles haften bleibt. Bis zum Servieren kühlen.

Statt Erdnüssen …

… können Sie die Cakepops auch mit Krokant oder Kokosflocken bestreuen. Oder Sie mischen beides, das sieht sehr schön aus.

Erdnuss-Cakepops

Zutaten *für 28 Stück:*

50 g weiche Butter
50 g Zucker (extrafein)
3 EL Erdnussbutter
1 Ei
50 g Mehl
½ TL Backpulver
100 g Frischkäse
50 g Zartbitterschokolade

Zum Verzieren:

300 g geschmolzene Zartbitter-schokolade
75 g geröstete Erdnüsse

Außerdem:

28 Holzspieße

Zubereitung:

1. Den Backofen auf 180 °C (Umluft 160 °C) vorheizen. Eine 20 cm große, quadratische Backform einfetten.
2. Für die Kuchen die Butter, den Zucker und 1 ½ EL Erdnussbutter in einer Schüssel schaumig schlagen. Das Ei hineinrühren.
3. Das Mehl mit dem Backpulver in die Schüssel sieben und unter das Buttergemisch heben. Den Kuchenteig in die vorbereitete Form füllen und die Oberfläche glatt streichen.
4. 15–20 Minuten backen, bis der Kuchen goldbraun ist. Zum Abkühlen auf ein Kuchengitter herauslösen.
5. Die Zartbitterschokolade zerkleinern. Den kalten Kuchen in der Küchenmaschine zu Krümeln verarbeiten. Die Kuchenkrümel in eine Schüssel geben, die restliche Erdnussbutter, den Frischkäse und die Schokolade hinzugeben und vermischen.
6. Daraus 28 etwa walnussgroße Teigbällchen formen. Die Bällchen auf eine Platte setzen und 30 Minuten im Kühlschrank kalt stellen.
7. Für die Dekoration die Erdnüsse grob hacken. Die Teigbällchen aus dem Kühlschrank nehmen und in jedes einen Holzspieß hineinstecken.
8. Zum Verzieren jedes Stück in die geschmolzene Schokolade tauchen und dann in die gehackten Erdnüsse dippen. Die Holzspieße in einen Schaumstoffblock stecken und die Cakepops trocknen lassen. Bis zum Servieren im Kühlschrank aufbewahren.

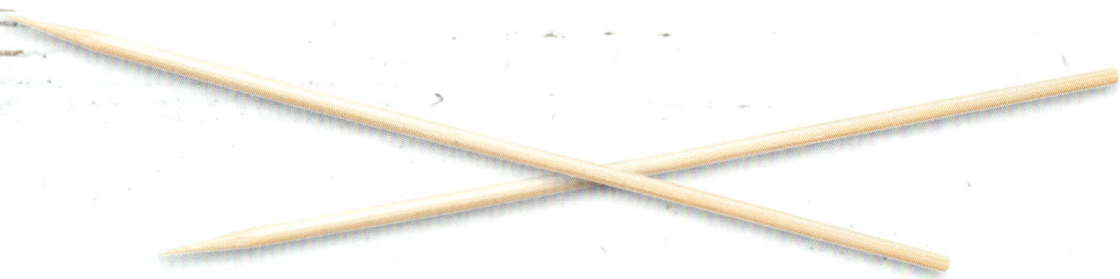

Kartoffelbrot mit Blüten-Kräuterbutter

Zutaten *für ca. 20 Scheiben:*

Für das Brot:

2 Beutel Kartoffelpüree *(z. B. von Pfanni „Das Herzhafte“)*
200 g Dinkelmehl
100 g Weizenmehl
¼ TL Fenchelsamen
¼ TL Anissamen
¼ TL gemahlener Koriander
¼ TL gemahlener Kreuzkümmel
1 EL Zucker
1 Würfel Hefe
1 Prise Salz

Für die Kräuterbutter:

2–3 EL essbare Blüten
½ Bund frische Kräuter
2 EL Kapern
1 Knoblauchzehe
2 Schalotten
250 g Butter
1 EL abgeriebene Zitronenschale einer unbehandelten Zitrone
1 EL rosa Pfefferbeeren
1 Prise Salz

Zubereitung:

1. Für das Kartoffelbrot das Kartoffelpüree, das Dinkelmehl, das Weizenmehl, das Salz, die Gewürze und den Zucker vermischen.

2. 400 ml Wasser leicht erwärmen und die Hefe darin auflösen. Eine tiefe Mulde in die Kartoffelmehlmischung drücken und das Hefewasser hineinrühren. Mit den Händen zu einem geschmeidigen Teig kneten und abgedeckt an einem warmen Ort gehen lassen, bis sich das Volumen verdoppelt hat.

3. Den Backofen auf 200 °C (Umluft 180 °C) vorheizen und ein Backblech mit Backpapier auslegen.

4. Dann den Teig nochmals durchkneten und zu einem langen Brotlaib formen. Den Brotlaib auf das Backblech legen und nochmals gehen lassen. Das Brot im vorgeheizten Backofen ca. 35 Minuten backen.

5. Für die Kräuterbutter die Blüten und die Kräuter abspülen, trocken schütteln und grob hacken. Die Kapern ebenfalls hacken. Den Knoblauch und die Schalotten abziehen und fein würfeln. 1 EL der Butter in einer Pfanne schmelzen und die Knoblauch- und Schalottenwürfel darin andünsten.

6. Die Mischung zusammen mit der restlichen Butter, dem Zitronenabrieb, den Kapern sowie der Hälfte der Kräuter und Blüten mit den Schneebesen des Handrührers aufschlagen. Mit dem Salz und dem Pfeffer würzen.

7. Ein Stück Frischhaltefolie auf die Arbeitsplatte legen. Die restlichen Kräuter und Blüten darauf verteilen und die Butter darauf verstreichen. Die Frischhaltefolie um die Butter aufrollen und die Butter im Kühlschrank fest werden lassen. Das Kartoffelbrot mit der Blüten-Kräuterbutter anrichten.

Kartoffelbrot mit Blüten-Kräuterbutter

Oliven sind gesund und nährstoffreich: Sie enthalten wichtige Vitamine, Mineralstoffe und sekundäre Pflanzenstoffe.

Oliven-Brot

Zutaten *für ca. 20 Scheiben:*

300 g Mehl
25 g frische Hefe
1 Prise Zucker
5 EL Olivenöl *(z. B. von Bertolli)*
100 g schwarze, entsteinte Oliven
1 ½ EL Kräuter der Provence
Salz

Zubereitung:

1. Das Mehl in eine Schüssel geben. Die Hefe in 125 ml lauwarmem Wasser auflösen. Mit dem Zucker, 1 ½ TL Salz und 3 EL des Olivenöls zum Mehl geben und mit den Knethaken des Handrührgerätes zu einem glatten Teig kneten. Mit einem Tuch abdecken und ca. 20 Minuten an einem warmen Ort gehen lassen, bis sich das Teigvolumen verdoppelt hat.

2. Den Backofen auf 200 °C (Umluft 180 °C) vorheizen und ein Backblech mit Backpapier auslegen.

3. Die Oliven fein würfeln und mit 1 EL der Kräuter vermischen. Den Teig erneut kräftig kneten und auf einer bemehlten Arbeitsfläche zu einem Rechteck von 30 x 40 cm ausrollen. Mit dem restlichen Olivenöl bestreichen und die Oliven darauf verteilen.

4. Den Teig von der langen Seite her locker aufrollen und mit der Nahtstelle nach unten auf das Backblech setzen. Das Olivenbrot mit Salzwasser bestreichen und mit einem Messer mehrmals diagonal einschneiden. Die restlichen Kräuter darüberstreuen und das Brot im vorgeheizten Backofen 20–25 Minuten goldbraun backen.

Italienisches Brot
mit Tomaten und Pecorino

Zutaten *für ca. 20 Scheiben:*

500 g Weizenmehl Type 1050
1 TL Salz
1 EL Zucker
1 Würfel Hefe
6 EL Pflanzencreme *(z. B. Rama Culinesse Olivenöl)*
100 g getrocknete Tomaten
50 g Pinienkerne
100 g frisch geriebener Pecorino

Zubereitung:

1. Das Mehl, das Salz, den Zucker und die zerbröckelte Hefe vermischen. Das Olivenöl und 250 ml lauwarmes Wasser dazugeben und mit den Knethaken des Handrührers zu einem geschmeidigen Teig verarbeiten. Abgedeckt ca. 45 Minuten gehen lassen.

2. Die Tomaten hacken und die Pinienkerne in einer Pfanne ohne Fett goldbraun rösten. Beides zusammen mit dem Pecorino unter den Teig kneten.

3. Den Backofen auf 200 °C (Umluft 180 °C) vorheizen und ein Backblech mit Backpapier auslegen.

4. Den Teig auf einer bemehlten Arbeitsfläche zu einem Brot formen, auf das Backblech legen und abgedeckt weitere 30 Minuten gehen lassen. Im vorgeheizten Backofen auf der zweiten Einschubleiste von unten ca. 45 Minuten backen.

Bei Pecorino handelt es sich um einen italienischen Hartkäse aus Schafsmilch. Heute wird auch häufig Kuh- oder Ziegenmilch beigemischt.

Italienisches Brot mit Tomaten und Pecorino

Partybrötchen in Fußballform

Zubereitung:

1. Den Kloßteig, das Mehl, die Hefe, das Salz und den Zucker in eine große Schüssel geben und gut vermischen.

2. 2 Eier und 550 ml warmes Wasser dazugeben und alles mit den Knethaken des Handmixers und den Händen zu einem glatten Teig verkneten. Abgedeckt mit einem Tuch an einem warmen Ort 60 Minuten gehen lassen.

3. Den Backofen auf 200 °C (Umluft 180 °C) vorheizen. Ein Backblech mit Backpapier auslegen. Den Teig mit bemehlten Händen auf einer bemehlten Fläche durchkneten und in 16 Portionen teilen.

4. Die Teiglinge mit bemehlten Händen rund formen. Die Kugeln auf dem Backblech zu einem „Fußball" aneinandersetzen. Das dritte Ei verquirlen und die Teiglinge, die später die schwarzen „Ball-Flecken" werden sollen, damit bestreichen. Diese Teiglinge mit dem Mohn bestreuen.

5. Die Partybrötchen im vorgeheizten Ofen ca. 30 Minuten backen.

Zutaten *für 16 Stück:*

1 Packung Kloßteig aus rohen Kartoffeln *(z. B. von Pfanni)*
500 g Mehl
1 Päckchen Trockenhefe
1 TL Salz
2 TL Zucker
3 Eier

Außerdem:
20 g gemahlener Mohn

Kokos-Brot
mit Himbeer-Konfitüre

Zubereitung:

1. Die Milch in einem kleinen Topf lauwarm erwärmen. Die Hefe in einer kleinen Schüssel zerkrümeln und mit dem Zucker und etwas Milch glatt rühren.

2. Das Mehl in eine Schüssel geben. Die Margarine, die restliche Milch und die angerührte Hefe hinzufügen und alles mit den Knethaken des Rührgerätes zu einem glatten Teig verarbeiten. Den Hefeteig zugedeckt an einem warmen Ort ca. 1 Stunde gehen lassen.

3. Den Teig mit den Händen noch einmal durchkneten und auf einer leicht bemehlten Arbeitsfläche quadratisch (ca. 50 x 50 cm) ausrollen.

4. Für die Füllung die Kokosflocken mit der Margarine verrühren und auf den Teig verstreichen. Mit dem Zucker bestreuen und den Teig in 6 Streifen (je ca. 8 cm breit) schneiden. Die Himbeer-Konfitüre klecksartig auf die Teigstreifen verteilen.

5. Jeweils 3 Teigstreifen aufeinanderlegen, dabei den obersten Teigstreifen mit der Kokos-Margarinen-Seite nach unten legen. Insgesamt entstehen 2 Teigstapel. Jeden Teigstapel wiederum quer in 6 Stücke (je ca. 8 cm breit) schneiden. Die Teigstücke in eine gefettete Kastenform (ca. 30 cm Länge) einschichten. Den Teig in der Kastenform noch einmal zugedeckt ca. 30 Minuten gehen lassen.

6. Den Backofen auf 175 °C (Umluft 155 °C) vorheizen und das Brot ca. 35 Minuten backen. Die letzten 10 Minuten mit Backpapier abdecken. Den Kuchen herausnehmen und in der Form ca. 10 Minuten abkühlen lassen. Aus der Form stürzen und vollständig auskühlen lassen.

Zutaten *für ca. 18 Scheiben:*

Für den Teig:
250 ml Milch
1 Würfel Hefe
60 g Zucker
500 g Mehl
50 g Margarine mit Kokosnote *(z. B. von Rama)*

Für die Füllung:
100 g Kokosflocken
150 g Margarine
50 g Zucker
100 g Himbeer-Konfitüre

Register

Bildnachweis:
Wir danken folgenden Firmen für ihre freundliche Unterstützung:
The Food Professionals Köhnen AG, Sprockhövel
- Fuchs 170–171
- Grafschafter 60–61, 85, 110–111
- Goldpuder 36–37, 54–57, 70–71, 90–93, 138–139, 162–163, 168–169, 176–177, 186–187, 200–203, 214–215, 242–243
- Henglein 50–51
- Original Wein's 96–97
- Ostmann 118, 164–165
- Café Condito 208–209

Unilever Deutschland GmbH, Hamburg
- Becel 32–33
- Bertolli 80–81, 148–149, 294–295
- Brunch 44–45, 94–95, 188–193, 204–205
- Du darfst 150–151, 154–157
- Lätta 104–105, 237
- Mondamin 152–153, 285
- Pfanni 292–293, 298–299
- Rama 30–31, 34–35, 38–39, 42–43, 46–47, 62–63, 74–75, 84, 86–87, 100–103, 106–107, 119, 122–123, 128–129, 130–131, 136–137, 146–147, 158–159, 166–167, 172–175, 178–183, 196–199, 218–219, 296–297, 300–301
- Sanella 40–41, 48–49, 52–53, 58–59, 64–65, 68–69, 82–83, 88–89, 98–99, 108–109, 116–117, 120–121, 132–135, 140–145, 160–161, 194–195, 206–207, 210–213, 216–217, 229–232, 234–236, 238–241, 284–287

Wirths PR GmbH, Fischach
- www.1000rezepte.de 76–77, 112–113, 126–127

Shutterstock:
5PH 30, 145, 214; A_Lein 115; Adam Cada 5, 46, 86, 101; Africa Studio 122, 281; Agnes Kantaruk 289; Alabass27 14, 58, 108, 129, 155–156, 184, 194, 213, 241, 261; Alex Veresovich 88; Alexeysun 52, 82, 262; Analia Valeria Uran 51; ang intaravichian 291; AngieYeoh 45, 141; Anjelika-Gr 263; Anthony Hearsey 66, 107, 144, 197, 282–283; Anucha Tiemsom 102, 124, 278, 288; Artem Oleshko 275, 279; Artem Shadrin 136; artjazz 173; AS Food studio 163; baibaz 18–19, 24, 54–55, 65, 81, 98–99, 118, 162, 200–201, 228; Barbara Dudzinska 296; bigacis 91, 219, 251, 294; Brent Hofacker 43, 113, 246; Charming Fox 252; Daria A 23; Diana Taliun 193; Dionisvera 135; Eduardo Lopez 106, 186, 214; Elena Hramova Cover front, 256–257; Elena Veselova 251; faBizPhoto 2; FabrikaSimf 276; Flaffy 48, 49, 95, 129, 151, 198; Gayvoronskaya_Yana 127; Geshas 165; GiuseppeParisi 125; GreenArt 2–3; Hong Vo 7, 73, 200, 220, 232; IngridHS 240; iprachenko 77, 108; Irina Bort 280; Iryna Melnyk 124, 279; Jiri Hera 25, 110, 120, 130, 155, 180, 194, 233, 272, 275; Julia Sudnitskaya 151; Katerina Hrobar 223; Kovenkin 259; Kuttelvaserova Stuchelova 160, 249; Kw_thailand 50; LAURA_VN 10, 57, 78, 120, 178, 257; Losangela 67; Lotus Images 134; Madlen 59, 239, 255, 284; MaraZe 114, 166, 177; marcin jucha 37; maridol777 273; Marina Shanti 79; MasterQ 237; Melica 61, 66, 149; Most popular 285, 291; MRAORAOR 153, 239; Natalia van D 86, 170, 196, 241, 258; Natasha Breen 89, 271; Nattika 29, 95; Nedim Bajramovic 224; nesavinov 142; oxyzay 249; Peter Hermes Furian 133; Pics-five 40–41; pinkomelet 93, 133; Pixelbliss 270; rodrigobark 175; Roman Debree 245; Sebastiana 283; Slavica Stajic 32, 268; SNeG17 231; Southern Light Studios 268; spline_x 168; Stephanie Jud 91; StudioPhotoDFlorez 38, 46, 49, 62–63, 101, 122, 175, 180, 209, 219, 234, 264, 281; Tanya Sid 130; Tanya_mtv 26; Tatiana Vorona 72; Tatyana Vyc 9, 136, 153, 202, 234, 247, 272; teleginatania 266;Thasneem 34–35, 170–171, 197; thefoodphotographer 253; timquo 206, 208; Valentina_G 5, 81, 156, 230; Versta 276; Victoria Nochevka 188; VICUSCHKA 43, 139, 205, 286; Viktor1 17, 20, 75, 78, 116, 134, 147, 160, 177, 186, 203, 209, 243, 244; Viktoria Hodos 260; virtu studio 26; xpixel 57, 104, 147; Yuliya Gontar 9, 26, 45, 66, 82, 102, 124, 151, 166, 188, 206, 234, 258, 281, 296; Yurchenko Iryna 254; zoryanchik 265

Alle weiteren Fotos: design cat GmbH

Genehmigte Lizenzausgabe
EDITION XXL GmbH
Industriestraße 19
64407 Fränkisch-Crumbach 2017
www.edition-xxl.de

Idee und Projektleitung: Sonja Sammüller
Layout, Satz und Umschlaggestaltung:
design cat GmbH

ISBN 978-3-89736-721-0